U0673652

　　本书属于国家社科基金项目"城乡基本公共服务均等化实现机制研究"（11CSH081）和上海市社科规划项目"长三角地区有序推进农业转移人口市民化的理论与实践研究"（2014FSH001）的结项成果

国家社科基金丛书
GUOJIA SHEKE JIJIN CONGSHU

城乡基本公共服务均等化实现机制：
理论与实践

Equalization of Basic Public Services between Urban and Rural Areas:
Theory and Practice

余 佶 著

人民出版社

目　　录

第一章　导　论

第一节　问题的提出

我国城乡基本公共服务供给状况是与工业化、城镇化发展历史紧密相连的。

新中国成立以来,由于长期实施工业化优先发展战略,同时为避免"城市病"发生,政府利用行政力量限制城镇化的发展,采取种种措施将大量公共资源用于推进工业化,同时又通过城乡二元体制限制农村人口向城镇流动,导致城镇化长期落后于工业化。[①] 在城乡分治的社会格局下,政府将有限的公共资源用于城镇居民的教育、卫生、社会保障等公共服务,而农村居民同样的公共服务需求长期被排斥在全社会公共事业和保障网络体系外,由农民和乡村集体自筹解决。不少基本公共服务供给在量上存在"城有乡无",在质上存在"城高乡低"。

改革开放以来,我国对限制城镇化发展的体制和政策进行了变革和调整,城镇化水平有了明显提高,特别是 2001 年以来我国城镇化进程不断加速,城市规模不断扩大,城市数量不断增加。按照常住人口计算,2012 年我国城镇

---

① 马晓河:《积极推进城镇化释放内需潜力》,《前线》2013 年第 1 期。

化率已经达到了 52.6%,但是,按城镇户籍人口计算的城镇化率仅 35.3%,两者之间存在 17.3 个百分点的差距。2016 年我国城镇化率达到 57.35%,城镇常住人口 79298 万人,乡村常住人口 58973 万人。户籍人口城镇化率为 41.2%,仍然有 16.15 个百分点的差距。[①] 这是因为我国经济社会已经由改革开放前的城乡二元结构转向"城—半城—乡"的三元结构,即有约 2.5 亿农村进城务工人口流动在城乡之间,他们处于"户籍在农村,就业在城市;家属在农村,劳力在城市;积累在农村,收入在城市;根基在农村,生活在城市"的半城镇化状态,还没有享受到与城镇户籍居民同等的社会公共福利。[②] 另一方面,我国目前仍有近 6 亿农民居住在农村,农村长期存在的基本公共服务供给总量不足、结构失衡、供给效率和质量低下以及城乡不均衡等问题并没有根本改观。

因此,在城镇化加快发展的进程中,如何满足包括市民、准市民(农业转移人口)和农民在内的不同人群的公共服务需求,其迫切性和必要性已不言而喻。尤其是其中 2 亿多农村转移人口的存量存在和每年新增农村转移人口的增量存在,[③]使得传统的城乡二元结构已经超越地域的意义,出现了具有独立结构和文化的"漂移社会"。这部分人群基本公共服务的供给,具有跨地区、"外溢效应"显著的特征,在实现均等化的过程中尤其要给予特别的关注。

在中国共产党领导下,中央政府已经把推进新型城镇化作为施政的重要方针。相比以往的城镇化,新型城镇化战略尤其强调以人为核心,这与新农村建设和乡村振兴战略一脉相通,即本质上通过推进城乡基本公共服务均等化,促进城乡融合。只是在这种社会融合过程中,中国城乡会呈现出由二元结构

---

① 据国家统计局 2017 年 2 月 28 日发布 2016 年国民经济和社会发展统计公报。

② 叶兴庆:《农民进城:城市之门如何打开与农村之根如何割舍》,见迟福林、殷仲义主编:《城市化时代的转型与改革》,华文出版社 2010 年版。

③ 根据国家人口计生委发布的《中国流动人口发展报告 2012》预测,未来十年全国城镇人口年均增加 1300 万 — 1600 万,其中农村转移人口为 1000 万 — 1300 万,见 http://www.gov.cn/jrzg/2012-08/07/content_2199409.htm。

到三元结构的阶段性变迁。在此过程中,基于区域非均衡发展以及中央地方利益存在博弈的背景下,城乡基本公共服务均等化的目标如何实现,学界仍然仁者见仁,智者见智。本章通过对已有研究的综合评述,在厘清相关问题域的前提下,提出一个城乡基本公共服务均等化的分析框架,以期推进相关问题的讨论以及裨益政策路径的制定。

第二节　已有研究述评

国外学者对城乡公共服务均等化的关注贡献主要集中在公共品的基础理论研究上。从"林达尔均衡"概念到保罗·萨缪尔森最早用分析的方法定义公共品,之后的马斯格雷夫、弗利等许多研究都沿着把公共品纳入由价格和产出水平决定的一般均衡理论的方法进行。此后,关于公共品分层供给的深入研究,形成了地方公共品理论。蒂布特贡献了经典的"以脚投票"机制理论模型解决公共品偏好显示和供给问题;布坎南提出了俱乐部理论;麦奎尔贡献了类聚分隔和最优辖区规模模型;奥兹就政府层级与公共品供给分工,提出了闻名的"分散化定理";而关于公共品供给主体的研究,则发展成为公共品自愿供给理论。国外学者的研究,奠定了城乡公共服务均等化分析的理论基础,为中国学者针对本国问题的研究提供了现成的分析平台和成熟的分析方法。但由于公共产品和服务的供给方式和途径通常受制于一国的社会政治经济制度,因此国外学者的研究虽然对中国不乏借鉴意义,但用于解决中国城乡基本公共服务的供给问题,却很难采取直接的"拿来主义"。

基于国外学者的理论研究,结合中国的国情,国内学界围绕着基本公共服务的内涵界定、历史考察与非均等化的原因分析、均等化的标准、指标体系及绩效评价、实现路径以及政策建议等方面展开研究,在经济学、管理学和社会学领域也形成若干具有本土特点的研究范型。

一、在经济学尤其是公共财政学和福利经济学的分析框架内,从供给角度关注实现城乡基本公共服务均等化的主体,并研究其供给总量、结构和效率问题

金人庆等人强调公共服务的公共品特性,认为实现公共服务均等化,政府财政责无旁贷,因此需要发挥政府特别是公共财政的主导作用。[1] 但目前政府的财权事权划分、转移支付制度总体设计、公共服务成本分担机制存在缺陷,从而影响了城乡基本公共服务均等化的实现。[2] 孙南萌则从福利经济学角度指出构建城乡统筹的、公平公正的公共产品供给体制,首先是要遵循"帕累托改进"的原则,只有在不改变城市居民现有效用水平的前提下,将工业积累和城市创造的一部分财富转移到农村,加大对农村公共产品的投入力度,提高农民从公共产品消费中获得的效用,才能改善全社会的福利。[3]

二、在管理学尤其是新公共管理和新公共服务理论的分析框架内,研究实现公共服务均等化中供给主体的多元化和需求方的利益诉求机制问题

另一些学者,意识到上述研究范式的不足,提出在实现城乡基本服务均等化的目标时,必须发挥其他主体的作用。如董立人虽然承认提供公共服务是

---

① 金人庆:《完善公共财政制度逐步实现基本公共服务均等化》,《求是》2006 年第 22 期;项继权:《基本公共服务均等化:政策目标与制度保障》,《华中师范大学学报》(人文社会科学版)2008 年第 1 期;王家永:《实现基本公共服务均等化:财政责任与对策》,《财政研究》2008 年第 8 期。

② 安体富:《完善公共财政制度逐步实现公共服务均等化》,《东北师大学报》(哲学社会科学版)2007 年第 3 期;杨君昌:《关于城乡公共服务均等化问题的思考》,《上海财经大学学报》2008 年第 3 期;马海涛等:《建立财力与事权相匹配的财税体制的几点思考》,《中国财政》2008 年第 6 期;王玮:《公共服务均等化:基本理念与模式选择》,《中南财经政法大学学报》2009 年第 1 期;林万龙:《经济发展水平制约下的城乡公共产品统筹供给:理论分析及其现实含义》,《中国农村观察》2005 年第 2 期。

③ 孙南萌:《从需求角度看农村公共产品供给体制的走向》,《农业经济》2009 年第 11 期。

政府的主要责任,但主体并非仅仅是政府,主张公共服务的提供要采用多元的供给主体模式,即实现基本公共服务要有政府、市场和非营利性组织(第三部门)等的有效协同和联动机制。① 赵子健进一步解读了公共服务供给方式从单一到多元化的变化过程就是政府不断向社会回归权力的过程。在这个过程中,权力回归的程度与范围决定了社会力量参与公共服务供给的不同形式。② 范方志等基于公共选择理论提出公共财政体制设计的缺陷只是农村公共品供给缺失和低效的一个方面,农村自愿行动秩序的拓展受到抑制可能是更加需要关注的问题。③ 刘卫等认为林达尔均衡模型和蒂布特模型对设计中国特色的公共产品需求表达机制提供了值得借鉴的观察视角,在研究中国本土问题时需要更为关注上述两种模型。④

三、在社会学的分析框架内,从理论和实证角度,运用社会学和统计学方法,基于社会调查和数据分析,揭示城乡基本公共服务均等化的理论基础和进程

这一种研究范型,更加重视实证研究和田野调查的方法论价值,主要从社会学和统计学的视角寻找城乡基本公共服务均等化的实现问题与障碍。刘琼莲从社会学者的立场上指出基本公共服务均等化应当构建在社会公平、社会正义、社会平等、公正行政的基础之上。⑤ 夏锋利用"三农"专家、县乡村干部和农户问卷调查数据,从三维视角分析了现阶段农村民生类、生产类、公共安全类基本公共服务存在问题。⑥ 樊丽明则基于山东省 3 市 6 区县的数据对城

---

① 董立人:《创新城乡基本公共服务供给主体》,《决策探索》2009 年第 1 期。

② 赵子健:《公共服务供给方式研究评述》,《天津市委党校学报》2009 年第 1 期。

③ 范方志、汤玉刚:《农村公共品供给制度:公共财政还是公共选择?》,《复旦学报》(社会科学版)2007 年第 3 期。

④ 刘卫、谭宁:《论我国农村公共产品需求表达机制的构建——公共管理视角下的分析》,《农业经济》2008 年第 5 期。

⑤ 刘琼莲:《试论基本公共服务均等化及其系统》,《江汉论坛》2010 年第 8 期。

⑥ 夏锋:《从三维视角分析农村基本公共服务现状与问题》,《统计研究》2008 年第 4 期。

乡基本公共服务均等化的进程及实现机制进行了分析。① 龚世俊、李宁指出全国各省市区以服务为中心的农村社区重建模式的尝试，已经取得了可贵的经验。②

但是，上述三种研究范型的不足之处也显而易见。从公共财政学和福利经济学视角出发的这一研究范式，虽然指出作为城乡基本公共服务供给主体的公共财政与实现城乡基本公共服务均等化的内在联系，为后续研究提供了有力的理论支撑和逻辑起点，但其不足之处是把实现公共服务均等化的责任主体局限于政府自身，忽略了政府可以与市场和社会（第三部门）协同实现城乡基本公共服务均等化的路径选择。基于新公共管理和新公共服务理论构建的第二种研究范式将实现城乡公共服务均等化的思考扩展到多元的供给方式和需求导向上，为认识和把握城乡公共服务均等化的实现机制与路径特点提供了很好的素材，但该类研究在揭示经济社会发展的区域差异与实现城乡基本公共服务均等化之间的互动关系上关注不够。第三种建构在社会学视角的研究方式基于具体的社会区域形态，已经触及到城乡基本公共服务均等化所要求的一些特征，积累的调查数据为推进该领域问题的研究奠定了基础，但在研究的视域上还需深入拓展，特别在经济社会一体化发展、市场要素自由流动背景下，如何实现农民、准市民（农业转移人口）、市民三者之间公共服务的均衡发展，需要进一步思考和完善。

第三节　建立供需视角下的分析框架

对于"城镇化进程中的城乡基本公共服务均等化"这一命题，有两个问题

---

① 樊丽明、石绍宾：《区域内城乡基本公共服务均等化进程及实现机制分析——基于山东省3市6区县调查的经济学思考》，《财政研究》2009年第4期。
② 龚世俊、李宁：《公共服务视域下的新农村社区建设及其模式创新》，《南京社会科学》2010年第11期。

域必须厘清:(1)城乡基本公共服务的需求对象在快速推进的城镇化背景下有何变化?(2)城乡基本公共服务的供给主体又如何适应这一变化? 满足需求对象和建构供给主体对实现城乡基本公共服务均等化而言,是一枚硬币的两面。因此,既要从需求导向出发,关注不同特性社会群体的基本公共服务需求,也要剖析多元化的供给主体对各种需求的满足程度与特征。只有完善和改进供求关系,才能达到城乡基本公共服务供需的总量均衡和效率提升目标。

基于上述认识,一个从城乡基本公共服务供需双方出发,同时关注异质性社会群体中"共同和有差别"的公共服务需求与多元供给主体互动的逻辑框架就如图1所示:

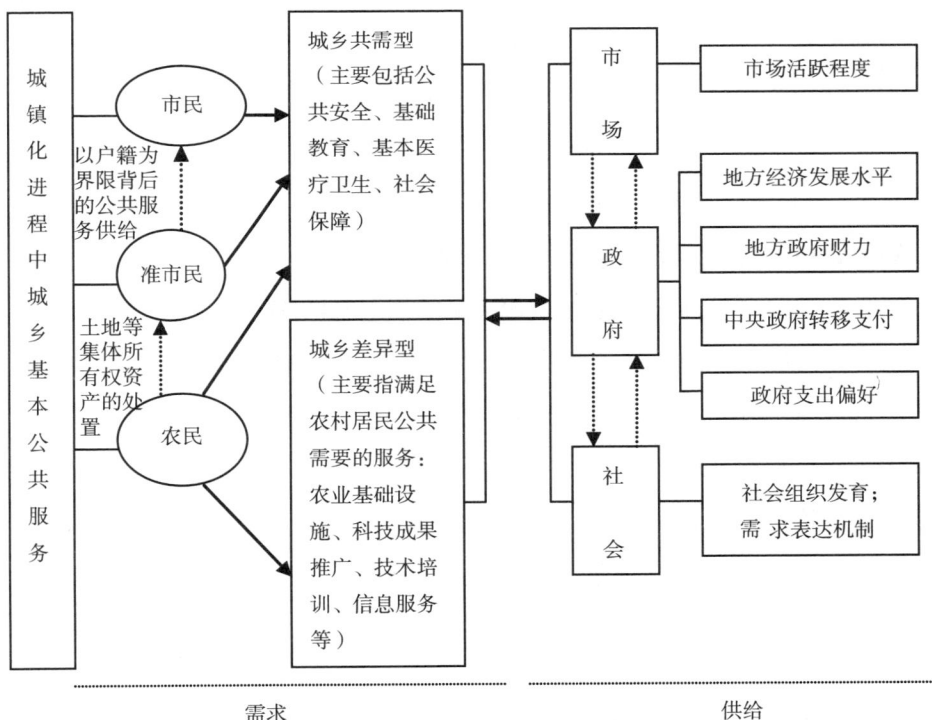

图1-1 城镇化进程中的城乡基本公共服务均等化分析框架

从需求角度看,城镇化进程中城乡基本公共服务的需求人群包括农民、准市民(农业转移人口)和市民。他们要求的基本公共服务既有共性,也有差异,表现为"共同和有差别"。其中,"城乡共需型"公共服务主要包括公共安全、基础教育、基本医疗卫生、社会保障等,是所有人群都需要的,但目前市民和农村居民、准市民之间还存在不同程度的差异。"城乡差异型"公共服务主要指满足农村居民需要的某些特定公共服务,主要包括农业基础设施建设、科技成果推广、技术培训、产销信息畅通等方面的公共服务。这类公共服务需求与农村居民的生产、经营方式密切相关,但依靠农村居民个体又很难满足,从而成为城乡二元结构背景下农村居民特有的一种公共服务需求。需要指出的是,对于从农村、农业中转移到城镇中的准市民群体,其公共服务需求虽然与市民相似("城乡共需型"),但因为处在城乡基本公共服务供给的"夹心层",实际还面临双重约束,一方面是现有的土地管理制度导致其无法将原来的农村资产转变为进城资产,从而只能候鸟式的周期性迁徙于城市和农村;另一方面是目前以户籍为身份识别的差别化的公共服务供给方式,严重影响他们融入城镇,因此他们的基本公共服务需求还包括了被城市福利覆盖、城乡福利衔接以及最终实现与市民同等的福利需求等。

从供给角度看,根据城乡公共服务品的不同属性,需要有针对性地发挥政府、市场和社会的作用。"城乡共需型"公共服务具有纯公共品性质,中央和地方政府对所有群体承担着完全职责,因此应该主要由公共财政供给,实践中应着重防范和解决政府的"缺位"和推诿问题。但现阶段该基本公共服务的生产和供给在分配上仍具有城市倾向和属地化特征,特别对于"准市民"而言,在城镇化进程中仍然面临不少障碍:一是城镇户籍管理制度对农业转移人口的区别性待遇很难在短时期内消除,二是城镇社会保障制度无法对农业转移人口提供与市民一致的基本保障,三是就业歧视和城乡分割的劳动力市场使得农业转移人口的就业环境不容乐观,四是随迁儿童的入学障碍和对留守儿童的心理牵挂使得农业转移人口的生活质量受到极大影响,五是城市住房保障制度没有惠及农业转移人口。因此,必须通过对公共财政投入体制的改革和户籍管理制度的创新,确保各级政府对"城乡共需型"公共服务供给的保障。"城乡差异型"公共服务则具有准公共品和俱乐部品性质,虽然这些服务需求看似具有一定的排他性,但因为农业生产本身具有外部性,因此这些服务无法完全依靠市场获得,只能通过发挥市场、社会与政府的协同供给,才能提升供给效率。与此同时,政府需要制定规则加强对公共服务供给市场和第三方供给的监管,以确保公共服务供给的公平性。

上述分析框架的建构,为城镇化进程中的城乡基本公共服务均等化研究提供了一个新的分析平台。在城乡二元结构转向更为复杂的"城—半城—乡"三元结构的过程中,土地制度、户籍制度、财政制度以及经济发展方式转变、社会结构转型、区域发展差异化等约束条件深刻影响着城镇化进程。在这一背景下,如何从市民、准市民(农业转移人口)以及农民三种异质性社会群体的"共同和有差别"公共服务需求与政府、社会和市场等多元供给主体之间的互动关系出发,探讨背后的行动逻辑,寻找城乡基本公共服务均等化的实现机制与优化路径,就成为进一步研究的焦点。

第四节 基于该分析框架的路径选择

在明晰城镇化进程中不同群体基本公共服务的诉求特征之后,城乡基本公共服务均等化问题的研究自然聚焦到如何发挥政府、市场和社会的供给作用方面。简言之,如何因势利导建立科学有效的公共财政投入体制,如何引导建立社会资本和社会组织进入公共服务的政策激励,如何突破土地与户籍制度领域的制度瓶颈,就成为解决城乡基本公共服务均等化问题的关键。

一、明确城乡基本公共服务的政府间财政支出责任划分,健全中央与地方财权与事权相统一的体制

如上所述,中央政府原则上应当负责公益性覆盖全国范围的公共服务供

给,地方政府主要负责各自辖区内的公共服务供给。对于跨地区、具有外溢效应的公共服务,应由中央和地方政府共同承担。一般而言,"城乡共需型"中义务教育、公共卫生、社会保障等全国性纯公共产品和部分外部性极强的准公共产品,其支出责任应以中央为主,地方为辅;对于区域性公共产品或区域性准公共产品,如医疗、就业、住房和"城乡差异型"公共服务等,其支出责任应以地方为主,中央为辅。

改革的重点在于完善现行转移支付制度,建立中央对农业转移人口流入地基本公共服务供给的补助奖励机制。虽然农业转移人口的流入地一般为经济发达地区,财政能力较强,但由于转移人口规模大,导致一些流入区域的农业转移人口接近或超过本地户籍人口,由此带来流入地政府基本公共服务供给范围增加,需要投入的资金增多,往往给当地财政带来较大负担,有时甚至难以承受。考虑到农业转移人口主要来自中西部地区,中央财政向东部流入地区提供的财政转移支持,实质上也是对中西部地区的发展支持,客观上减轻了东部地区因人口流入而增加的财政负担,既体现了财权与事权一致的原则,同时也有利于引导地方政府加大对本区域内的公共服务资金投入。只有通过中央和地方的共同投入,"准市民"的基本公共服务才会有充足的保障。

二、引导社会资本和社会组织进入城乡基本公共服务领域,增加基本公共服务的供给主体,提升供给效率

从当前城乡基本公共服务的整体现状来看,公共产品的成本主要由政府部门承担,但国际经验表明,许多社会服务与公共产品也可依靠非营利机构与私人部门来提供。在西方国家,公共服务的"多中心"治理已经是事实,并逐渐成为各国公共管理趋同的目标。也就是说政府对公共服务的供给,无须采取"统包统揽"的传统方式,而是可以通过合同承包、许可经营、服务购买、凭单制等多种方式,为社会组织和市场力量参与提供公共服务和公共产品创造条件。当前,政府是农村基本公共服务供给的主体,但一些具有部分竞争性或

部分非排他性特征的农村基本公共服务,也可以引入社会资本参与供给。政府可以通过先导性投资,为社会投资奠定基础或开辟道路,消除社会资本的投资障碍,从而带动社会资本更大程度的投资跟进,达到"四两拨千斤"的融资放大效应。这就意味着政府部门要千方百计地引导社会资本流入,建立多种形式的公私伙伴关系,来弥补政府与国有资本无法填补的空白,从而扩大社会事业的资金来源。

特别对于目前急需发展、区域内普遍需要的某些基本公共服务,如农业基础设施建设、科技成果推广、技术培训、信息服务、农村医疗、职业教育、社区医院、社会福利中心等"城乡差异型"公共服务和机构建设,完全交给国家包办或推给家庭集资均难以办到。可以考虑建立互助合作组织为依托,在不增加个体负担的基础上,形成中央、省级、市县政府与个人、企业、社会共同负担的筹资机制,达到多元投入、高效服务的集资效果。往往政府只需投入关键性的资源,填补弱势群体的集资缺口,就能形成互助合作的集资功效,从而使互助组织的服务惠及基层。

为提升农村基本公共服务的供给效率和公平供给,建立农民对农村公共服务需求的充分表达和选择机制也很重要。首先,需要构建农民或农民代表参与决策的有效渠道,实现基层政府与农民之间的互动,使农村基本公共服务决策机制实现从"自上而下"到"自下而上"的转变;其次,培育农民社会化组织,通过多种形式的专业合作社及其他民间组织途径,表达农民对基本公共服务的需求与偏好;再次,进一步发扬基层民主,畅通需求表达的投票渠道,通过教育培训,提高农民参与表达和投票选择的能力。

三、创新土地管理与户籍管理制度,扫清城乡基本公共服务均等化的制度障碍

在城镇化进程中,农业转移人口进城一般有两种方式:一是农民土地被征用,变为失地农民,接受货币补偿并纳入城镇社会保障,成为城镇居民;二

是农民自己选择进城务工就业，但被要求交出承包地和宅基地，或被要求用宅基地换住房、承包地换就业。无论何种方式，进城以后的农民都很难享受原有土地的既有与增值收益。由于缺少进城后在城市工作、生活的人力资本和社会资本，他们在城市的发展性需求往往得不到满足。即使有时能够享受与城镇居民平等的基本公共服务，但因为自身能力弱势，也往往被打折扣。因此，对于这一部分人群而言，如何在基本公共服务的供给中体现对发展性需求的保障，就成为应有之义。这一方面需要政府、社会或市场通过有效的公共服务供给，对失地农民进行就业指导、技能培训、社会救助，提高他们的城镇化能力。但另一方面，保障这些农业转移人口继续享受农村原有土地的保值和增值收益，对提高他们的城镇化质量可能更为重要。应当意识到，城镇化过程不可能一蹴而就，特别是实现从乡到城的迁徙、就业、定居、融入是一个需要一代人甚至两代人才能完成的过程，土地的最低生活保障和就业保险功能在短期内还无法替代。因此，在土地产权不能变现的背景下，允许进城农民在一定年限内继续享有农村土地的增值收益，可能更为合宜，这应被视为实现城镇化进程中城乡基本公共服务均等化的土地制度保障。

另外，将户籍制度作为体现公共服务分享权利的身份识别机制，其本身就是实现城乡基本公共服务均等化的制度障碍。目前，由中央和地方政府共同参与推进的户籍制度改革实际上是沿着两条路径前行。其一，实行城乡户口登记管理一体化，统一以"居民户口"取代"农业"、"非农业"等其他类型的户口；其二，逐步放宽户口迁移政策，把具有合法固定住所、稳定的职业或生活来源作为流入地落户的条件。但在实际操作中，上述户籍改革措施往往至多在省级辖区范围内实施，跨省的户籍迁移仍然具有较多的困难。其原因在于，户籍仍然与社会公共产品的分享具有紧密的联系，而后者的统筹范围目前只能达到省一级的层面。这也就是为什么在目前户籍改革推进的过程中，中央政府只能给出原则性的方向，而具体的改革措施必须由地方政府出台的缘故。

归根结底,户籍制度改革的取向应该是淡化与社会公共产品分配之间的联系,回归人口动态统计和民事权利证明的基本功能。① 从这个角度出发,户籍制度改革与城乡基本公共服务均等化的改革必须同步推进,两者互相促进,否则彼此都将成为"瓶颈"。

---

① 余佳、丁金宏:《中国户籍制度的政策效应、改革取向与步骤选择》,《华东师范大学学报》(哲社版)2010 年第 4 期。

第二章　完善政府供给

改革开放以来,中国在经济领域取得了举世瞩目的成就,尤其是私人部门的发展比较迅速,相比之下,公共部门的改革则显得有些落后,由此带来的公共服务体系建设也不尽如人意,整体呈现出水平偏低、发展不平衡、效率低的特征。尤其是均等化程度不高,明显呈现出"软""硬"不一致的局面,如基础建设类的硬性公共服务投资增长迅猛,各地高速公路、轨道、机场及城市公用事业改变惊人;而医疗、教育、卫生等软性公共服务投资则显得相对不足且效率不高。国务院研究机构在几年前就指出:中国目前的医疗卫生体制改革基本上是不成功的,进一步的改革正在摸索中。针对教育体制的改革也是呼声不断。有学者用居民实际享有的公共服务水平作为衡量指标,测算我国各地区交通设施、医疗、教育的公共服务项目差异状况,发现各地的公共服务水平差异很大。而且,如果把城乡差距考虑在内的话,这种差异则更为明显。[①] 可以说,目前除了国防、外交等公共服务具有城乡均等化的意义外,其他众多如义务教育、基本医疗等社会保障公共服务,都处于相对失衡局面。

造成在我国经济转型中,政府供给的基本公共服务不仅没有均等化,反而是供给不足或不均衡的状况,直接原因是没有建立起完善的公共品供给机制,

---

① 2004 年,我国名义上城乡收入差距为 3.2∶1,若把基本公共服务等因素考虑在内,城乡实际收入差距已经达到 5—6∶1。

没有形成规范的分工和问责制,缺乏财政能力。但深层次的原因还在于各地的经济发展水平差距大,这是自然、历史等多种因素综合作用的结果,当然,其中也包括在我国经济转型中,一直存在并难以解决的二元经济结构问题,既有新中国成立初期制定经济战略的印记,也有之后城乡经济发展不均衡的结果。这些均使得各地收入分配差距不断拉大,地区和城乡之间的发展不均衡,导致财政收支能力不同。由此,各地财政所能够提供的公共服务也不一样。同时,又由于我国财政体制不完善,没有建立起公共服务需要的可持续财政支持体制,使得上级政府在向欠发达地区进行转移支付时资金难以有效到位,不能及时弥补这些地区的基本公共服务供给所出现的资金和能力缺口。更具体的原因则可以从成本上进行分析,各地所需的公共服务也不尽相同:一般而言,基本公共服务的供给单位成本和地区的经济发达程度、人口密度等呈反比,因此,这又进一步拉大了基本公共服务的差距。

第一节　健全公共财政体制

从理论综述中可知,基本公共服务的均等化需要基于一定的财政能力,利用各种有条件的财政手段,建立起公共财政体制,才有可能实现。否则即使经济有了进一步的增长,公共服务也难以随之同步增长。而这就需要一个制度化的安排,建立以促进基本公共服务均等化为目的的公共财政体系,通过税制改革和促进转移支付制度的规范化、制度化、法制化,为基本公共服务的均等化建立起相应的财力均等化。虽然早在 1994 年的分税制改革中,中国就已经提出了"过渡期均等化转移支付"[①]的思路,但由于当时把收入分享原则从以前的收入再分配改变为来源地原则,即转移支付与征税挂钩,采用税收返还来实现转移支付,将 1993 年中央从地方净上划的收入数额(消费税+75%的增

---

①　转移支付的另一个分类是"专项转移支付"(或称指定用途转移支付),由于其目的性较强,在均等化作用上甚微,从目前发展来看不应当成为转移支付的重点。

值税－中央下划收入）作为计算税收返还额的基数，采用全国统一的增长率（全国增值税和消费税的平均增长率的30%），结果造成了将更多的收入返还给富裕地区而不是贫困地区，从而对地区间收入分配产生了非均等化效应，更不利于基本公共服务的均等化实现。因此，现在改革的第一步就应当是改进现有政府间均等化转移支付的资金供给问题，虽然目前国家财政收入占GDP的比重不断上升，但和其他国家相比还明显偏低，[1]有限的财力决定了中央政府进行转移支付时，需要慎重考虑。加大一般性转移支付的比重，对现有的转移支付公式[2]进行重新评估，得到较贴近现实的转移支付额，确保转移支付可以弥补地方财政收支缺口。加大对发展落后地区的财政转移支付，增强地方政府提供公共服务的能力，缩小中西部地区与东部地区在享有公共服务方面的差距，使不同区域民众享有比较均等的就业、住房、医疗、教育、基本公共文化的机会、公共服务水平和良好生活环境。而对于专项转移支付也应根据不同地区情况，实施相应的差别化地方配套要求。

第二节 完善政府治理结构

公共服务均等化是建设服务型政府的必由之路，也是其基本特征之一。财政的主体是政府，因此转变政府职能，明确中央和地方政府之间的分权，划分清晰的责权利是创新基本公共服务体制的要求，实现公共财政体系建设以及均等化公共服务的根本保障。无论是中央政府还是地方政府都应在其中发挥重要的作用。一方面，既要加强中央政府顶层统筹的能力，又要增强地方政府供给基本公共服务的能力，改进地方政府治理。虽然地方政府在提供硬性

---

① 发达国家财政收入占GDP比重一般在45%左右，发展中国家这一比重也在25%左右，而目前中国不到20%。

② 从1993年起，中央和地方政府就对转移支付公式进行过几次大的调整，但在均等化上的实际作用欠佳。

公共品,如基础设施等方面的使命进行得不错,但随着经济的增长,这方面有过度供给的趋势,而在软性公共服务提供上却还存在很大改进空间。中央政府由于信息和财政等方面的劣势,在经济发展初期很难去解决地方层面软性公共服务的供给问题,而地方性的信息和监督在这方面会有所助益,因此地方政府的治理结构需要改进。用赫希曼(Hirschman,1970)的话来说就是,如果说前期的改革主要运用了"退出"(exit)和 Tiebout 意义上的竞争的话,下一步的改革就应该适当引入"呼吁"(voice)的机制来改进地方政府和基层政府的治理。另一方面,要使呼吁机制能够发挥其应有的效果,首要任务就是对现行政府考核机制进行改革,建立以公共服务为导向的干部政绩考核制度。从 20世纪 80 年代以来,中国政府官员就围绕 GDP 增长而进行"晋升锦标赛",这成为政府考核的主要机制。但随着经济发展,这种机制在前期取得一定效果的同时,也逐渐暴露了一系列的负面效应,基本公共服务不均等就是其中一例。今后需要淡化 GDP 考核指标,重视对科学和谐发展的考核。尤为重要的是,政府最终是为了满足公众的需求,因此在今后应该逐步将居民的偏好,即其满意度以恰当的方式进入官员的政绩中,成为其晋升考核的重要因素,充分发挥民意,建立规范的基本公共服务需求表达、信息反馈和民主决策机制,让人大和政协在监督和问责地方官员中起到重要作用,并注重新闻的监督作用,让官员面临的不仅仅是简单的对上负责制,而是对下的问责制,使得服务型政府真正为居民的公共服务均等化发挥作用。

第三节　新型城镇化背景下的城市领导者视角

城镇化是工业化发展的必然产物,是现代化的内在要求。基于市场、产业的集聚功能,发挥社会、个人的主体作用,政府的指导、引导作用,既可以少走弯路,促进城镇化的健康发展,又可扩大内需,带动国民经济的健康发展。2013 年底全国城镇化工作会议召开之后,各地对新型城镇化建设高度重视,推进力度不断加大,但也存在一些不容忽视的问题。根据对 2014 年度中国浦东干部学院"新型城镇化建设专题研讨班(第 2 期)"受训学员的问卷调查,来自全国东中西部 24 个省、市、自治区的地市州书记、市长、分管副市长(副州长)及相关部门负责同志共 29 名地厅级领导干部围绕新型城镇化与城乡基本公共服务均等化的发展模式、存在问题等开展研讨,得出以下基本结论。

一、行政管理体制制约协调发展

国家基础设施投入、重大项目安排,一般倾向于中等以上城市特别是大城市,科研院所、高等教育布局也在主要城市,导致越是层级高的城市拥有的包括行政、资金、人才资源等越多,发展越快,吸纳就业的能力越强,不仅加重了特大城市的人口承载压力,也从某种意义上影响到中小城市和小城镇的吸引力。中小城市尽管发展冲动强,但由于在基础设施、人才、产业配套等资源约束方面远落后于大城市,因此对高端人才吸引力差,创新人才流失,招商引资困难,发展后劲不足,凝聚产业和人口的能力弱化。大中小城市很难协调发展,马太效应凸显。

二、就地城镇化存在实践误区

在 2014 年 9 月公布的国家推进新型城镇化建设综合试点方案中,确定省、市、县、镇不同层级、东中西不同区域共 62 个地方开展试点,并以中小城市和小城镇为重点。然而普遍认为,城镇化的重点在中小城市和小城镇,难点也在中小城市和小城镇。特别是来自中西部地区的学员共同反映中小城市和小城镇由于产业基础薄弱、人才资源少,创业、创新能力不足等原因,对人口的聚集能力有限,就地城镇化的结果可能是建了城,留不住人。事实也表明,东部地区的大多数县以下地区、中西部地区市以下地区均为劳动力流出地,这就是农业转移人口用脚投票的结果。相对而言,中西部大城市、东部地区的中等城市仍有较大的发展空间,以此为依托推进城镇化或许是更好的选择。选择就地城镇化既没有财力进行大规模的基础设施投入,也没有产业作支撑,需要长期的培育才有可能。

三、城镇化资金投入难以为继

除预算内收入外,有些地方政府主要通过以土地出让金为主的各种预算外收入和对外举债(通过地方投融资平台抵押贷款)解决城镇化资金投入问题。据国家审计署统计,截至2013年6月末,全口径地方政府性债务达17.89万亿,较2010年末增长66.93%,地方政府,特别是县级政府债务增长较快,风险敞口扩大。欠发达地区地方性债务占GDP比重显著高于发达地区。除了少数有高速公路等现金流还款来源的融资平台,很多地方向融资平台注入的资产均为土地,地方政府对融资平台的担保或抵押,也依赖土地升值带来的土地出让收入。由于融资平台缺乏清晰的法规约束和风险控制机制,随着融资平台债务逐渐到期,其本身隐含的债务风险也对地方财政构成压力。尤其是随着地方性债务规模的持续上升,以及房地产市场的降温,债务风险不断加大。

四、地方政府职能定位不清

城镇化应与工业化相适应,与产业发展同步,国家主张以人为本的新型城镇化,但从目前的情况看,"长官意志"代替政府职能的情况时有发生,引导与主导的运用时有错位。属于政府该做的事务,往往不及时、不到位。如城镇规划问题,过多地体现"长官意志",换一届领导换一个思路,规划的科学性不强;属于社会、个人投资范畴的事务,个别地方政府则主导进行。有些地方主要领导习惯于拍脑袋干事,主观上有尽快看到政绩的思想,不顾当地产业发展水平,片面理解城镇化,不顾群众意愿,急于求成,贪大求洋,不切实际推进城镇建设,群众不买账,大拆大建造成干群关系紧张,"空城、鬼城"不断出现。这不仅影响群众参与的积极性,也造成不必要的浪费,继而影响城镇化的健康发展。

五、干部使用考核体系不完善

城镇化建设需要一支好的干部队伍。一些地方基层基础差,公共服务薄弱,机会少,县及以下的干部工作不安心,干几年就想着离开,不少干部是走读干部,身在基层,心在城市;干部考核重指标、重显绩,造成数字游戏、报喜不报忧时有发生,大广场、宽马路、新城区等政绩工程屡禁不止,这就很难实现打基础、利长远的要求;制度执行的考核刚性不强,上级部署的很多工作,年底考核验收,重汇报,重材料,量化指标操作性不强,往往是皆大欢喜;考核结果运用不够,考核与干部使用、评先树优脱节,先进轮着当,干好干坏一个样。

第四节 新型城镇化背景下优化供给政策环境

一、强化产业支撑,促进产城互动

城镇化健康发展,要充分发挥市场配置资源的决定性作用,更好发挥政府的引导作用,主动承担市场"做不了"和"做不好"的职责,克服市场失灵。要促进工业化、信息化、城镇化和农业现代化的同步发展,地方政府要营造良好的创业和营商环境。一是全面贯彻落实党的十八届四中全会精神,大力推进依法治国和依法行政,转变政府行政方式,更多采取法治手段处理各种经济社会组织,以及公民个人中的利益问题,培育良好的法治意识和社会信用基础,给企业和个人的投资创业提供一个稳定可预期的发展环境。二是推进教育体制改革,适应经济和社会发展需求,构建现代职业教育体系,加大对农村转移劳动力的职业培训,提升劳动者素质和技能,解决人才和劳动力资源结构性短缺问题。三是转变政府职能,加大行政审批制度改革,进一步简政放权、提高行政效能和政府服务水平,激发市场活力,释放改革红利,促进创业就业。四是加大对欠发达地区政策支持。国家给予欠发达地区城镇基础设施配套方面的政策、资金支持,引导高等学校和职业院校在中小城市布局,优质教育和医疗机构在农村设立分支机构,增强中小城市(镇)的要素集聚能力。

二、加强规划引领,优化城镇布局

要树立科学理念,完善规划程序,严格规划管理。一是加强人才培养、干部培训和宣传教育,树立科学的城镇化理念。二是完善各类法定规划编制和审批程序,加强规划编制中的公众参与,加强各类规划的统筹协调,统筹布局资源、产业、生态和基础设施等,实现多规融合。三是严格规划管理,强化规划的权威性。加大规划管控,制定实施用地红线、水体蓝线、生态绿线等"底线"规划。制定干预规划实施的责任追究制度,加强规划实施的监督,包括上级监督(设立城市规划监督员)、人大监督、社会和群众监督。四是严格规划实施的技术保障,引进技术手段保证规划实施中的项目管理。五是通过编制区域规划和城镇体系规划,形成合理布局的城镇群,实现城镇间基础设施统一规划、互联互通,提升城市运行效率,发挥城市辐射带动作用,实现城市分工明确,产业优势互补。

三、完善建设管理,注重内涵发展

建立科学的城镇化监测分析、风险预警、质量评估和行为纠偏机制,健全发展指标体系,科学指导城镇化建设。以有效防治"城市病"为导向,制定统筹利用地上地下空间的管控措施,建设规划超前,与城镇人口规模、产业发展相适应的公用基础设施和公共服务设施体系。充分利用信息技术,建立跨部门、跨行业、跨地区的信息共享和业务协同机制,不断提高城市管理智能化、信息化、精细化水平。打破城乡二元体制,把农村纳入区域发展整体规划,积极构建现代城市与现代农村和谐相融的新型城乡发展形态。制定政策措施,引导资金、技术、人才等资源加快向农村流动,推进城市基础设施向农村延伸、公共服务向农村覆盖,基本实现城乡规划、基础设施和公共服务一体化。

四、创新投入机制，解决资金难题

一是从扩大地方财权、增加地方税源两个方面为改革当前依赖土地财政体制创造条件。进一步理顺中央和地方财权与支出责任划分，与当前地方支出责任相对称，增加地方政府在财政收入中的比例；或是加大一般性转移支付，减少专项转移，杜绝"跑部钱进"。同时借鉴国际经验，逐步开征物业税，为地方政府提供持续稳定的不动产税源。二是整合捆绑中央和省市相关资金和项目，集中向重点市镇倾斜，集中财力重点突破。三是完善市场机制，推进城镇建设投资主体多元化，吸引各类资本参与城镇基础设施和公共服务项目建设。促进农民带资进城、集资进镇，让更多民间资本和外资进入，形成多元投资主体。四是支持金融创新，拓宽地方政府融资渠道。研究建立城市基础设施、住宅和公共服务等政策性金融机构，鼓励通过发行债券等方式筹措建设资金，探索政府和私人企业之间为提供公共产品和服务、基于具体项目的合作融资 PPP 模式。通过发展城镇化产业基金托管等业务，探索以信托理财和设立资金池等方式，引导保险资金、养老基金、海外资金等各类资金参与城镇化建设。五是推进城镇资源资本化。土地资本是城镇最重要和最具潜力的资本。政府要打造好融资平台，把具有较好经济效益的城建项目包装好，采取项目打捆方式推向市场，争取银行支持。六是充分发挥政策性金融如国家开发银行对棚户区改造的支持作用，鼓励和提倡棚户区居民选择货币补偿方式，加快城镇棚户区改造。

五、改革土地制度，提高用地效率

一是加大城乡建设用地增减挂钩指标市域流转的同时，建议逐步试行增减挂钩指标省际流转政策，建立全国统一的土地市场，使位于《全国主体功能区规划》确定的"两横三纵"城镇化战略格局重点发展的区域能够通过置换用地指标，有效解决城镇化过程中建设用地紧张和资金短缺问题。二是推进农村集体土地制度改革,加快农村土地承包经营权、宅基地使用权、农房产权"三权"确权颁证,保护农民合法权益,有效缩小城乡收入差距。积极探索人口集聚与城乡土地置换相结合的制度,对按规划向重点镇和中心村集中迁建的居民给予优惠,在原宅基地还耕和落实级差补偿后,置换一定比例的城镇建设用地。统筹整合、有效利用集体建设用地、农民宅基地,让农村集体建设用地流转起来。三是大力推进低效用地再开发,通过法律、经济、行政、市场等手段,努力盘活存量建设用地,提高土地利用效益。充分调查工业用地出让年限到期情况,开展工业园区工业用地重整,把部分低效工业用地转变为商住用地。

总之,新型城镇化不是简单造城,城镇化率也不代表经济社会发展水平。各地发展水平和资源禀赋差异很大,推进城镇化不能下指标、"一刀切",而是建立符合各地实际和发展要求的考核体系,以民生为本,统筹经济发展和生态保护,使各级地方政府真正将以人为本、四化同步、优化布局、生态文明、文化传承的新型城镇化建设落在实处,凸显基本公共服务均等化的城镇化之核心内涵。

第三章　引入社会供给

在我国城镇化快速发展阶段,政府向社会组织购买公共服务已呈公共服务领域创新供给的新常态。党的十八届三中全会提出,"适合由社会组织提供的公共服务和解决的事项,交由社会组织承担",①这对作为购买方的政府和供给方的社会组织提出了新的更高要求。防范化解购买风险是政府做好购买服务、提升公共服务供给效果的前提和保证。因此,有必要审视政府采用何种方式向社会组织购买公共服务,主要购买什么服务,存在哪些问题,并针对性开展风险管理,从而有助构建良好政社关系,实现政府与社会组织的合作治理,更有效满足公众的公共服务需求。

第一节　政府购买公共服务的时代背景

从世界各国实践来看,政府向社会组织购买公共服务并不鲜见,甚至是非常普遍。尽管各国购买公共服务的背景和程度不同,但社会组织无疑已成为接受政府资助,提供公共服务的主要载体。

回顾 20 世纪 30 年代经济大危机之后,英美等国政策转向凯恩斯主义和

---

① 《中共中央关于全面深化改革若干重大问题的决定》,新华网,2013 年 11 月 15 日。

罗斯福新政,强调"福利国家"政府在公共服务供给上发挥主要作用。但与以往的政府活动不同,政府越来越多地依靠大量的第三方机构来实现其公共使命。[①]至 20 世纪 70、80 年代出现"滞胀"局面,新自由主义占据上风,主张发挥市场在发展社会事业和提供社会服务中的作用,但也强调社区和个人责任。此时伴随新公共管理(或政府再造)运动以及福利国家改革的兴起,西方社会管理及公共管理研究出现了治理新理论,如多中心治理、合作网络(或政策网络)、新公共服务等,[②]各国政府陆续创新公共行动的工具和技术。这是因为对政府角色的认识经历了从"划桨者"到"掌舵者"再到"服务者"的转变,强调区分公共服务"提供者"与"生产者"概念,即政府作为公共物品和公共服务的"提供者",通过财政政策中的支出与税收手段,决策出要提供的服务类型及供给水平,并安排生产和监督。在具体供给方面,将社会组织作为"生产公共服务"的重要载体,借此更有效地扩展公共服务范围,提升公共服务效率和质量。除了发达国家,在欠发达地区"结社革命"也日益兴起。以印度为例,就拥有世界上数量最多的活跃的社会组织。据统计到 2009 年底印度注册的非政府组织(NGO)约有 330 万个,平均不到每 400 人就有一个社会组织,主要职责包括进入某个具体的地方/地区/领域,从事扫盲,健康或减贫项目等。[③]因此社会组织更多参与公共服务供给在全球范围俨然已成共识。

　　我国一些公共服务供给实践也逐渐体现出"政退社进"的趋势。改革开放前,以国有企业为主的单位制、以熟人集聚的街居制和严格的城乡分野户籍制度是传统社会管理模式的根基,政府几乎是"静稳型"社会管理和社会服务的单一提供者。改革开放后,政府开始简政放权,国有企业改革逐步剥离办社

---

　　① ［美］莱斯特・M.萨拉蒙:《公共服务中的伙伴——现代福利国家中的政府与非营利组织的关系》,商务印书馆 2008 年版,第 6 页。

　　② 陈振明等:《我国社会管理格局和管理体系构建的研究纲领》,《岭南学刊》2008 年第 6 期。

　　③ Rumki Basu, "Non-Governmental Agencies and Public Policy", *The Journal of Public Administration*, vol.LXI(2015), pp. 396-410.

会的功能,同时私营部门崛起、社会组织涌现,社会管理和公共服务逐渐呈现多元主体格局。特别是 20 世纪 90 年代起城镇化快速发展,户籍制度松动,人口开始连续、大规模地从乡到城迁移。乡—半城—城的三元结构和"漂移"社会形态的长期存在使公众对转型社会中农民工就业工作,随迁子女和留守儿童教育,老龄人口养老服务,社区医疗卫生,环境秩序等多方面、多层次的公共服务需求与日俱增。正是在此背景下,具有"组织性、民间性、非营利性、自治性和志愿性"特点的社会组织作为独立于政府和市场之外的第三方力量异军突起。地方政府开始率先探索向社会组织购买服务,最早发端于 1995 年的上海,此后全国一些经济发达城市和省份陆续在医疗卫生、教育、社区、就业、计划生育服务等诸多公共服务领域展开了政府购买公共服务的实践。[①] 在中央政府顶层设计层面,2012 年 11 月民政部、财政部印发《关于政府购买社会工作服务的指导意见》以及随后出台的一系列文件,为规范和指导地方政府购买社会服务提供了政策依据。而且从 2012 年起,为支持全国性和地方社会组织参与社会服务,中央财政每年列出 2 亿元的专项资金,至 2016 年连年保持同样预算水平。这些发展都表明从地方到中央对政府向社会组织购买服务的积极而审慎的态度。

第二节 以委托代理视角观察政府购买公共服务

政府向社会组织购买公共服务,是指政府将原来由其直接提供的某些公共服务生产职能,通过公开招标或定向委托,交由有资质的社会组织来完成,并根据社会组织提供服务的数量和质量,以直接或间接方式支付相应的服务费用。就内涵而言,购买过程与制度经济学契约理论所研究的委托代理关系意义相通。即在购买过程中,政府与社会组织达成委托代理关系。政府作为

---

① 王浦劬等:《政府向社会组织购买公共服务研究》,北京大学出版社 2010 年版,第 4 页。

委托人,以明示或隐含的契约形式将公共服务的供给职能授权给代理人,即社会组织;社会组织作为代理人,为服务对象生产合同规定的公共服务;委托人则根据代理人的履约情况对其支付相应的报酬。因此,可以以委托代理视角来观察政府向社会组织购买公共服务的全过程。

一、委托代理的主体界定

政府作为出资方,有资质的社会组织作为承办事务方通过政府直接委托、签订合同或通过项目申请、专家评审等环节获得财政资金资助,直接或协调生产公共服务。在委托代理关系中,委托方是以中央和地方各级政府以及政府所属部门为主的公权力部门,他们在购买服务中承担资金提供者和效果验收者的委托主体角色。代理方是具有承接委托方购买公共服务资格的社会组织。

在西方国家"非营利组织"(NPO)或"非政府组织"(NGO)的称谓下,社会组织涵盖包括大学、医院、养老院、社会服务机构、就业和培训中心、管弦乐队以及诸多其他机构在内的广泛的实体。而我国的"社会组织"主要是指各级民政部门作为登记管理机关,纳入登记管理范围的社会团体、基金会、民办非企业单位这三类,[①]它们既具有西方国家 NPO 或 NGO 的某些特征,又具有我国特定国情和制度赋予的特点。2013 年 9 月,我国国务院办公厅发布的《关于政府向社会力量购买服务的指导意见》指出"承接政府购买服务的主体包括依法在民政部门登记成立或经国务院批准免予登记的社会组织,以及依法在工商管理或行业主管部门登记成立的企业、机构等社会力量"。[②] 因此,那些直接提供服务(而不是仅仅筹集资金,如基金会)、致力于提升城乡社区福利或服务于广泛的大众福利的公益慈善类社会组织和志愿服务组织等,即

---

① 王浦劬等:《政府向社会组织购买公共服务研究》,北京大学出版社 2010 年版,第 4 页。
② 《国务院办公厅关于政府向社会力量购买服务的指导意见》,国办发〔2013〕96 号,2013 年 9 月 30 日发布。

为承接政府购买公共服务的对象。根据 2014 年社会服务发展统计公报,截至 2014 年底,全国共有社会服务类的社会团体 44630 个,社会服务类的民办非企业单位 42244 个。理论上,这 8 万多个社会组织以及经国务院批准免予登记的部分社会组织就构成目前我国政府购买公共服务的代理方主体。

二、委托代理的方式与领域

按照《中华人民共和国政府采购法》和《关于政府向社会力量购买服务的指导意见》规定,政府购买社会组织公共服务主要采用公开招标、邀请招标、竞争性谈判、单一来源采购等方式确定承接主体。这主要是根据社会组织与政府之间是否保持独立性来划分。通常在公开招标、邀请招标和竞争性谈判情形下,政府和社会组织不存在或较少存在资源、人事等方面的依附关系,委托代理关系的形成更多是双方相互选择和协商的结果;而单一来源采购则更多是指定式购买,在这种情形下,社会组织往往是政府部门原下属的事业单位或者为完成购买服务任务而专门建立的机构,与政府部门存在"上下级"关系。

根据支付方式的不同,购买通常又分为直接购买和间接购买。① 前者指政府向所购买公共服务的社会组织直接付费。后者指政府对社会组织或消费者采取补贴的方式,如对社会组织采取资金支持、免税或者其他税收优惠、低息贷款、贷款担保等补贴形式;对消费者则用凭单制方式,通过发放服务券,使其自由选择消费,政府通过用现金兑现社会组织接收的服务券实现对购买服务的支付。

随着我国政府向社会组织购买公共服务地方实践和顶层设计的推进,十八届三中全会提出今后"推广政府购买服务,凡属事务性管理服务,原则上都

---

① 赵雪峰:《我国政府向社会组织购买公共服务研究》,http://www.china-reform.org/? content_501.html。

要引入竞争机制,通过合同、委托等方式向社会购买"。① 这意味着今后政府与社会组织之间购买服务的委托代理关系将日益规范化、契约化。

从地方实践来看,除了少部分行政事务公共服务和行业性公共服务,政府向社会组织购买的公共服务主要以社区公共服务为主,内容涵盖助老、助残、社会救助、职业介绍、技能培训、新市民服务等。从中央政府补助资金用途来看,主要用于开展社会救助、社会福利、社区服务、专业社工和其他服务群众的社会服务活动及人员培训,并向西部地区、民族地区、贫困地区倾斜。因此,社区公共服务的委托代理实践是当前政府购买公共服务的重点领域,同时也是应加强风险管理的主要领域,应当给予更多关注。

第三节　政府购买公共服务的风险分析

政府与社会组织之间达成购买公共服务协议,形成委托代理关系,并非简单的责任转移,而是公共服务供给方式和机制的变革。尽管源于迥异的背景,各国政府向社会组织购买公共服务可能出于不同的政治、经济、文化等综合因素考量,如德国和荷兰等国早期在考虑向社会组织购买服务时更多偏好宗教机构,但力图规避可能的风险,实现公共服务供给效果和效率的提升,无疑是普遍追求的重要目标。然而,正如委托代理理论指出的,由于委托代理双方彼此在签约之前或之后存在信息非对称,可能导致因事前信息非对称引发的逆向选择风险(adverse selection)和因事后信息非对称引发的道德风险(moral hazard)。逆向选择意味着政府没有选出最合适的社会组织从事公共服务生产活动;道德风险则意味着在委托方对代理方控制力减弱,在监管机制不健全的情况下,社会组织可能变成逐利机构,政府也可能因缺乏约束而走向寻租。

---

① 《中共中央关于全面深化改革若干重大问题的决定》,新华网,2013 年 11 月 15 日。

一、可能产生逆向选择

这是因为一方面政府向社会组织购买公共服务的法律保障体系缺失,能够确保公开、公平竞争招标的公共服务购买制度等尚未建立,另一方面承接政府公共服务事务的社会组织发育不足、组织实力有限,不具备互相竞争的客观条件,使得通过委托代理提供公共服务存在逆向选择的风险。

(一)委托代理规范程度低

一是就委托代理的法理基础而言,我国 2014 年 8 月修订的《政府采购法》,尚未明确规定政府采购公共服务性产品,直至 2015 年 3 月开始实施的《政府采购法实施条例》才明确"政府采购法第二条所称服务,包括政府自身需要的服务和政府向社会公众提供的公共服务"。这使得长期以来政府向社会组织购买公共服务"名不正言不顺",缺乏统一的法律法规及规章等基本遵循,缺少理论指导。二是由于主客观因素的制约,一些地方政府未将购买公共服务的资金纳入财政预算,专项业务资金和预算外资金还占有相当大比重。而且由于需求评估的缺失,政策设计中存在"一刀切"现象,没有根据具体情况购买适宜的服务,导致资金浪费。三是在购买实践中,由于缺乏公开、竞争和透明度,选择程序和标准不明确,政府掌握主导权和话语权,而社会组织则处于从属地位,在交易谈判中议价能力弱,乃至失语,交易过程中委托代理合作的随意性较大。

(二)购买行为"内部化"倾向突出

由于我国社会组织独立发育较晚,更多是由作为购买者的政府发起或者倡导成立,具有浓郁的"官方"背景,有些社会组织甚至是在接到特定购买任务以后才专门成立,因此这一情况造成购买行为"内部化"。政府常常会根据社会组织与自己关系的亲疏远近和熟悉程度来选择合作伙伴,通过非公开程序私下协商,或依据经验判断和社会组织知名度来决定由哪家社会组织代理公共服务生产。显然,那些与政府关系密切的体制内社会组织更有可能成为公共服务的承包方。即便是采用招投标、竞争性谈判等竞争性购买方式,作为需求方的政府依旧可以通过各种方式来影响最后的中标结果。①

（三）社会组织发育不足

之所以产生内部化的购买倾向,深层次原因还在于潜在代理主体的数量与质量不足以形成充分的竞争性市场。存量方面,目前我国注册的各类社会组织中,多数属于互益性质,即围绕成员的利益,面向和服务于组织内部成员提供"俱乐部物品",如行业协会、商会、学会等各类专业类、行业类社会组织。而真正的公益性社会组织数量匮乏,由此能够成为具有资质的公共服务供给主体数量有限。增量方面,虽然近年来城市基层的社区社会组织空前活跃,开展的活动受到各方关注,但一大批尚未进入民政系统登记注册。另外,我国很多由社会组织承担的职能是由事业单位承担的,但短期内130多万家实体组织和3000多万就业人口的事业单位分类改革还未实施完毕,还没有形成对公益社会服务为主的社会组织体系的有益补充。社会组织数量的不足,直接影响到可供委托方外包公共服务的对象选择面狭窄,逆向选择风险增大。

（四）社会组织能力有限

就我国社会组织规模而言,普遍较小,大部分组织的成员数量局限在十几人、几十人以内,致使其活动范围以及可服务对象数量受到很大限制。根据塞拉蒙等学者研究,在全世界有可靠数据来源的41个国家里,社会组织领域的

———————————

① 张海、范斌:《政府购买社会组织公共服务方式的影响因素与优化路径》,《探索》2013年第5期。

就业人口平均占到这些国家经济活跃人口的 4.4%，①而我国 2014 年这一数据仅为 0.9%，②仅高于罗马尼亚的 0.7%，甚至低于巴基斯坦、斯洛伐克的 1.0% 和印度的 1.5%，与先进的西欧和北美工业国比较差距就更大。就社会组织的收入而言，主要来自社会捐赠、政府采购或拨款和提供有偿服务等。然而，社会捐赠不稳定；政府直接现金资助有限，更多是便利场地、办公设备和配套设施；而社会组织受人员、资金和能力不足的限制，也难以赚取足额有偿收入弥补生存发展和开展业务活动产生的各种支出和资金成本。这些因素不仅收紧了社会组织承接公共服务的领域和范围，而且导致在获得代理权后，由于受生产公共服务的条件和能力所限，社会组织提供的服务技术和水平不高，或受可持续发展能力缺乏等诸多约束，进而影响提供的公共服务质量。

二、可能引发道德风险

在达成购买公共服务的契约后，由于提供财政资源的委托方（政府）缺乏足够的信息，并且由于公共服务质量量化评估难，公共服务成本和价格计算难，服务过程监控难和质量标准制定难，因此控制代理方（社会组织）难度大；而代理方在实践中掌握更多权力，更了解实际情况，可能产生各种合同漏洞，引发社会组织逐利的道德风险，或囿于社会组织自身的运作能力，造成执行过程中偏离委托方意图。除此之外，由于政府拥有包括特许经营权在内的审批、服务价格和服务质量监督管理等方面的权力，在缺乏外部监督的情况下，很容易滋生腐败。③

---

① ［美］莱斯特·M.塞拉蒙、沃伊切赫·索科沃夫斯基等：《全球公民社会》（第三版），库马力安出版社 2009 年版。转引自莱斯特·M.萨拉蒙《公共服务中的伙伴——现代福利国家中的政府与非营利组织的关系》，商务印书馆 2008 年版，第 201 页。

② 2014 年年末我国就业人员 77253 万人，按照 2014 年社会服务发展统计公报，年末社会组织吸纳社会各类人员就业 682.3 万人计，社会组织领域的就业人口比重为 0.9%。

③ 李兴文、丛斌：《关于政府向社会组织购买公共服务的若干思考》，《经济研究参考》2015 年第 8 期。

（一）社会组织内部治理不健全

由于我国多数社会组织处于小微水平,不仅数量少、规模小,而且还存在为人诟病的不规范问题,如财务状况不透明,独立运作能力弱,社会公信力低,筹集和整合社会资源能力不强等。宗旨偏离(私利最大化或营利为目的)等问题客观存在。[①] 因此我国政府向社会组织购买服务具有既购买服务又培养发展的双重意义,但这可能导致服务的专业性和规范性弱、难以保证购买的服务质量、社会组织缺少独立性过于依赖政府、社会组织的影响力和公信力缺乏社会认同等,[②]增加了委托方与其谈判、沟通、监督成本。

（二）动态管理和监督机制不到位

政府购买公共服务本意是通过公共部门引入社会资本,重新优化资源配置,从而使公共服务供给行为达到帕累托最优。但这并不意味委托方在签订外包合同之后可以高枕无忧,仍然需要加强对项目进展状况和公共服务生产状况的监督管理。目前我国很多地方政府在购买社会组织公共服务的过程中,动态管理和监督机制都不完善,甚至还处于缺失状态。分析个中原因,既有监管意识不强导致的"不作为",也有监管能力不足引发的"不善为",特别是当在服务提供过程中遇到具体技术问题时,政府由于缺乏专业人才,很难对其进行有效监管。此外,在现有体制下,到底由哪个部门监管也存疑,这是因为很多部门都具有这项权力,而这些部门往往又和一些社会组织存在着复杂的利益关系,难免会影响监管的效果和效率。

---

① 柏维春:《政府购买服务相关问题思考》,《人民论坛》2014 年第 7 期。
② 胡薇:《政府购买社会组织服务的理论逻辑与制度现实》,《经济社会体制比较》2012 年第 6 期。

(三)评估主体、内容和方式待改进

对社会组织提供的公共服务数量和质量进行评估,既能够客观评价社会组织当期履行合约的效果,又有助于建立委托代理双方长期的激励与约束机制,克服"一锤子买卖"中委托代理关系的不利影响。对项目的评估,关键在于把握好谁来评、评什么的标准。然而,一方面目前许多地区的评估队伍不够规范,第三方评估体系尚未建立,政府往往是评估的主要力量,而公共服务的接受者即消费者意见却没有充分被采纳。另一方面,在评估上往往更重视财政控制和行政程度等技术性问题,而回避了项目效果这些更具价值的问题。此外,在委托代理激励关系的建立上,经济学家伦德纳(Radner,1981)和罗宾斯泰英(Rubbinstein,1979)最早使用重复博弈动态模型指出如果委托方和代理方有足够的信心,保持长期的关系,贴现因子足够大,那么可以实现帕累托一阶最优风险的分担和激励,也就是说长期的项目关系可以更有效的处理激励问题。而我国政府购买公共服务项目的运作周期普遍较短,多为一年时间,但很多服务项目如创业培训、社区养老等需要连续几年周期才能见效,很多项目采取一年到期一次性付款的方式不利于形成长期政社合作关系和改进激励机制。

(四)委托方与代理方存在"合谋"可能

事实上,道德风险既可能发生在社会组织这一代理方上,也可能发生在政府这一委托方上。这是因为在购买过程中,由于政府发包、监管、评价机制的不完善容易产生寻租、腐败等不良现象,加之社会组织资质参差不齐,委托方和代理方可能为各自私利而"合谋",产生权钱交易。这严重影响政府向社会组织购买公共服务的公信力。因此在加强对社会组织提供公共服务监督和评估基础上,亟需建立对政府的监督机制,确保政府成为合格的"公共物品的确认者、精明的购买者、公共服务的评估者、财政的支出者"。①

第四节　政府购买公共服务的风险管理

以委托代理视角剖析政府向社会组织购买公共服务,优点在于初步建立起分析框架,指出基于信息不对称因素产生的两种主要风险,不足之处在于没有折射出风险背后的实质是涉及多元主体之间的结构、制度、管理和能力建设等要素与环节的缺失,问题具有普遍性和系统性。因此建议基于委托代理视角,又超越该视角,从重塑多元主体合作治理网络,完善政府采购社会组织提供服务的制度体系,管理好政府公共行动工具,设计激励社会组织行动者的责任机制,加强社会组织的能力建设和激发广大公众参与等方面进行风险管理。

一、在政府购买公共服务的组织架构上,实现政府—社会组织的二元委托代理关系向各级政府—社会组织—公众的多元主体合作治理网络转变

根据委托代理理论,消除政府和社会组织之间信息不对称,有助于管控风险。然而,基于政府—社会组织的简单二元划分忽略了整个购买公共服务过程中其实存在多元主体之间信息的有效汇聚和传递,特别是忽略了社会组织与社区基层政府协作以及公众参与的重要性,因此需要建立包括各级政府、社会组织、公众在内的多元主体合作治理互动网络,强调利益共同体观念,实现风险管理。

在多元主体合作治理网络中,中央政府通过完善法规使购买行为有法可依;购买方一级政府作为实施购买服务的发起人和行为主体,有明晰的购买服务公共预算和明确的流程,使购买行为公开透明;基层政府作为社区社会服务

---

① [美]E.S.萨瓦斯:《民营化与公私部门的伙伴关系》,中国人民大学出版社2002年版,第69—73页。

的实施主体和直接参与者,积极与社会组织建立密切合作关系,使购买行为务实高效。社会组织作为具有整合力和回应力的非政府机构积极参与到公共服务的提供中,提高自身能力,实现组织价值。公众作为接受公共服务的客体和服务的直接受益者,积极参与公共管理与公共服务,反映公民的现实需要,参与社会服务供给的规划决策,反馈对公共事务的效果评估。某种意义上,公民参与意识直接影响着政府与公民互动的深度和广度,决定着公共服务的需求与效果。[1]

二、在政府购买公共服务的运行机制上，建立多元主体参与的事前合作对象筛选机制和事中事后监督评估机制

在政府购买社会组织公共服务的过程中,政府虽然不直接生产公共服务,但需要确保公共服务供给的合法性、正当性、实施效果并承担相应责任,同时依法保障社会组织和公众的知情权、参与权、决策权和监督权,完善公众参与治理的制度化渠道。[2] 首先,通过公开的资格审查制度和多方监督的招投标制度,尽可能消除逆向选择风险。严格遵循公开的程序和准则,确保参与竞标的社会组织公平竞争。在社会可获得的信息平台上发布政府购买公共服务的范围和标准,内容与经费,招投标方式和程序,以及能够承接公共服务的社会组织资质认证办法等,并以居民会议、议事协商、民主听证等形式,广泛征求公众意见建议,减少中间环节和暗箱操作,选拔出真正合适的社会组织从事公共服务供给,推动政府购买服务从工具化提升至本体化。[3] 其次,建立健全科学的项目动态监管和评估标准与方法,尽可能消除道德风险。包括完善政府购买公共服务的资金审核管理办法,对社会组织生产公共服务的过程控制监督

---

① 高海虹:《政府购买社会组织服务的利益相关者分析》,《理论探讨》2014 年第 1 期。

② 《中华人民共和国国民经济和社会发展第十三个五年规划纲要》,《人民日报》2016 年 3 月 18 日。

③ 《完善政府购买服务,建立新型政社关系——访清华大学公益慈善研究院院长王名教授》,《中国民政》2015 年第 9 期。

办法,绩效评估方式与标准,社会组织提供公共服务的退出机制和问责机制等。在此过程中,及时回应出现的问题和追究责任。对项目效果的评估,不仅要重视委托方政府主管部门的意见,更要重视服务对象的评估,可以引入专家团、评审团一起参与评估。再次,在整个购买服务过程中强化对政府相关部门的自我监督和社会监督。一是改进行政审批环节,确保在价格形成、经营审查、风险管理等制度上公开透明、依法行政,推动政府购买服务体制改革。二是要防止由于"强政府"惯性的存在,政府无原则地扩张权力,干预社会组织的具体运作,从而导致社会组织失去其灵活性、专业化的优势。① 三是加强政府购买服务中针对政府的问责,提高公共服务供给效率。

三、在政府购买公共服务的项目管理上,加强多元主体合作治理网络中各相关方的信息沟通协调②

在政府向社会组织购买公共服务的多元主体合作治理网络运行和组织中,不能简单复制政府直接管理下科层制的机构方式,而更强调相关各方的信息沟通协调,不是通过命令与控制,而是通过谈判与说服畅通信息,减少不对称。

首先,健全社会组织管理制度,形成政社分开、权责明确、依法自治的现代社会组织体制。③ 尽快扭转部分社会组织由于脱离政府部门领导不久还保留的行政化倾向,由原事业单位转型不彻底演变成的"二政府"倾向,以及在承接政府公共服务过程中的社会组织话语权缺失倾向。逐步建立起政社平等合作伙伴关系,而非行政隶属的垂直领导关系。其次,针对实践中存在的购买服务的一级政府其所涉及的人事、经费和服务提供与基层社区政府脱节的问题,

① 胡薇:《政府购买社会组织服务的理论逻辑与制度现实》,《经济社会体制比较》2012年第6期。
② 高海虹:《政府购买社会组织服务的利益相关者分析》,《理论探讨》2014年第1期。
③ 《中华人民共和国国民经济和社会发展第十三个五年规划纲要》,《人民日报》2016年3月18日。

进一步理顺政府内部关系，厘清基层政府和社区组织权责边界。改变基层政府或"不闻不问"或过多行政干预社会组织具体运转的两种弊端，促进基层政府职能转化。此外，在购买服务资金支付方式上，强化过程沟通，改变项目结束一次性支付的付款方式。可以在项目购买签订合同时政府先支付一定比例资金，然后根据合同执行进展和定期监督评估反馈结果，分期实施长期购买，通过资金逐渐递增实现最优长期合同。如果社会组织最终提供的服务差强人意，政府也可以扣除部分款项，实现问责。

四、在政府购买公共服务的参与主体上，加强社会组织的能力建设和公众参与

社会组织既是多元主体合作治理网络中联结政府与公众的桥梁，又是承担公共服务生产的核心主体。因此需要培育和支持社会组织的发展，特别是社区服务类社会组织发展，加强其能力建设，使之成为与政府平等契约合作关系的主体。这需要从政策环境、资金支持、能力投资、价值认同等方面进行治理创新。第一，政府为社会组织创立和发展营造良好的政策平台和宽松的环境，更为开放地对待社会组织。在合作的同时加强监管，规避风险。第二，改革税收制度，制定社会组织承接公共服务所适用的税法。目前社会公益性组织面临的尴尬现状是：占比较小的企业所得税在申报免税资格后可减免，而占比较大的营业税却没有任何优惠。因此，需区分不同性质的社会组织和不同类型的公共服务提供优惠或免税政策。鼓励社会力量向社会组织提供资金捐赠并与减免税收或优惠挂钩，从而扩展社会组织资金来源。第三，投资社会组织的基本组织能力建设。在购买资金中安排专项资金培育社会组织，包括对员工培训、改善技术和设施、规范战略制定方面进行投资。第四，增强社会组织价值认同，认可政府的问责需要。指导社会组织内部技术督导，健全各项制度，完善法人治理结构。加强社会组织综合监督和诚信建设体系，建立社会组

织诚信档案,更好发挥自律、他律、互律作用。让社会组织能够通过参与购买服务逐步发展壮大起来,真正成长为公共服务和社会治理的参与主体。①

　　政府购买公共服务的最终目的是满足公众对公共服务的需求,公众的广泛参与是政府购买的首要依据。政府要想准确研判公众对公共服务的真实需求和效果反馈,就需要倾听公众对购买的利益表达。因此,加强公民教育,调动公民参与意识,畅通公民参与的制度化渠道,最大程度避免"被代表"、"被服务"。同时倡导公民在参与政府购买公共服务的过程中,理性依法表达诉求,客观监督评价服务效果,更好地与政府和社会组织互助合作,促进公民意识和素质的不断提高。

---

　　① 王名:《关于完善政府向社会组织购买服务,建立新型政社关系的建议案》2014 政协提案,http://www.360doc.com/content/14/0305/17/1390696_357977240.shtml。

第四章　消除制度壁垒

第一节　户籍制度改革

我国户籍制度的变化与中国工业化发展阶段紧密相连。从计划经济时代实施重工业优先战略而导致的"城乡分治"到改革开放后以市场配置资源,发挥比较优势,实现人口流动,分享人口红利,中国的户籍制度正在经历从封闭的强制性二元结构向开放的一元融合格局的变迁过程。

在向城乡一元融合的诱致性变迁过程中,户籍改革不能简单地一蹴而就。事实上,只有理清户籍政策的制度效应,才能客观评价户籍的效用,进而找出户籍制度的改革方向和步骤选择。

一、1958 年中国户籍制度经历一次强制性变迁

新中国户籍制度的建立,肇始于城市,以 1951 年 7 月公安部颁布的《城市户口管理暂行条例》为标志。当时从巩固新中国政权出发,中央政府把"维护社会治安,保障人民之安全"作为城市户口管理的首要任务,规定了立户、迁入、迁出、出生、死亡、临时居住以及其他相关事项必须向公安机关报告的原则。从制度变迁的视角观察,这一暂行条例的颁布可以看做是"打破旧秩序,建立新秩序"的制度建设的一部分。其主要目的在于应对当时发动肃反、加

强治安的政治需要,但毋庸置疑,这一管理制度对于新政府掌握城市人口的基本信息,起到了积极作用。随后,1953 年进行的第一次人口普查,为建立全国范围的户口登记制度奠立了基础。1955 年国务院发布《关于建立经常户口登记制度的指示》时,开始把农村纳入到户口登记管理的范围之内。并且,随着政权的巩固,现实的治安需要已不再紧迫,"随时登记变动人口,以掌握人口变动的情况"成为建立户口登记制度的重要目的。在此基础上,覆盖城乡的户口登记制度在全国范围内建立,新政权的社会管理和社会控制进入常态管理的阶段。

需要注意的是,这一时期的户籍制度尽管加强了对公民的迁入、迁出管理,但更多出于登记上的需要,并没有针对性地限制人口流动和自由迁移。事实上,新中国成立之初具有"准宪法"性质的《共同纲领》以及在 1954 年全国人大通过的新中国首部《宪法》里,都明确公民有"居住和迁徙的自由"。①1951 年发布的暂行条例,虽然提及迁入和迁出须向公安机关申报,但并没有针对人口流动和迁移的限制性条款,相反,条例强调要保障人民"居住、迁徙的自由"。1955 年国务院的指示中,虽然对地主以及被剥夺政治权利等特殊群体的户口迁移作了一些限制,但是对于一般民众,却只是要求在户口迁出和迁入时履行相关手续,并没有其他方面的限制。

户籍管理制度出现根本变化是在 1958 年。当年 1 月,全国人大常委会发布的《中华人民共和国户口登记条例》对公民从农村迁往城市做出严格的限制性规定,"必须持有城市劳动部门的录用证明,学校的录取证明,或者城市户口登记机关的准予迁入的证明",否则将无法办理迁出手续。② 这种社会管

---

① 《中国人民政治协商会议共同纲领》第一章第五条为"中华人民共和国人民有……居住、迁徙……的自由权";1954 年《中华人民共和国宪法》第三章第九十条为"中华人民共和国公民有居住和迁徙的自由"。

② 1958 年全国人大常委会发布的《中华人民共和国户口登记条例》第十条第二款规定"公民由农村迁往城市,必须持有城市劳动部门的录用证明,学校的录取证明,或者城市户口登记机关的准予迁入的证明,向常住地户口登记机关申请办理迁出手续"。

理方式的根本变迁体现了制度的外生刚性，昭示了强大无比的国家意志，并在后续出台的政策规定中一再强化。数年后的 1964 年《公安部关于处理户口迁移的规定（草案）》和 1977 年《公安部关于处理户口迁移的规定》两项制度的出台，明确提出了"严格控制"和"适当限制"两个原则，基本堵住了从农村迁往城镇的大门；①而 1975 年的宪法修订中，则干脆取消了公民"居住和迁移自由"的条款。从此，公民的自由迁移权利受到严格限制，而城市准入资格也顺理成章地成为一种紧缺的社会资源。

总体而言，重工业优先发展战略带来的经济后果，城市物资短缺条件下的被动选择，以及农村推进合作化运动的需要，都是促使中国户籍制度在 20 世纪 50 年代中期发生一次强制性变迁的重要原因。这种政策转变的直接后果，一方面改变了城镇人口在新中国成立后迅速膨胀的局面，减缓城市人口增长，但矫枉过正的后果是迟滞中国城市化的步伐；另一方面，户籍制度阻碍城乡之间劳动力的合理流动，阻隔了经典的刘易斯人口流动模型的实现，虽然适应了当时短缺、计划的经济环境，但也使得中国的比较优势长期不能发挥。②

二、户籍制度强制性变迁带来的显、隐性政策效应

（一）显性政策效应：阻碍城乡自由流动

中国户籍制度从 1958 年起最显著的政策效应就是阻碍城乡之间的自由流动，特别是限制农村居民流向城市。即使在 20 年以后，城乡之间实际流动大大加强的情况下，户籍制度限制流动的政策效应依然存在，只是表现方式从

---

① "严格限制"的是从农村迁往市、镇（含矿区、林区等），由农业人口转为非农业人口，从其他市迁往北京、上海、天津三市，"适当限制"的是从镇迁往市，从小市迁往大市，从一般农村迁往市郊、镇郊农村或国营农场、蔬菜队、经济作物区。

② Tiejun Cheng and Mark Selden.The Origins and Social Consequences of China's Hukou system [J].The China Quarterly,1994,139(9):644-668；赵文远：《1958 年中国改变户口自由迁移制度的历史原因》，《史学月刊》2004 年第 10 期；蔡昉、林毅夫：《中国经济》，中国财政经济出版社 2003 年版，第 50—51 页。

直接禁止转变为间接限制。

1978 年开始的改革开放,使得农产品产量得到极大提高,这进一步催生了农村剩余劳动力的产生。经济环境的改善和政治气候的变暖,使得城乡之间的实际流动大为增加。虽然这种流动仍然受限于当时的户籍管理制度,但由于农民自由支配的剩余产品增加,已经使得自带口粮进城务工成为部分农民在 20 世纪 80 年代初的理性选择。随着农业劳动力的进一步解放以及城市企业自主用工权的扩大,离开家乡到沿海大中城市打工的离乡农民工数量越来越多,户口所在地与常住地不一致的"人户分离"现象越来越普遍,原有的限制农民自由流动的户籍管理措施逐渐成为一道"纸枷锁"。但是,流入城市的农民因为户籍身份的限制,并不能与市民在社会保障、教育机会、就业扶助等社会福利方面享受同等待遇,因而不得不在城市和乡村之间做无奈的"候鸟式"迁移。① 所以,虽然城乡之间每年流动的数量巨大,但这种城乡流动其实并不是严格意义上的"刘易斯人口流动"。中国户籍制度限制城乡流动的政策效应当前依然存在,只是限制强度有所减弱,影响方式趋向间接。

(二)隐性政策效应:影响社会阶层塑造

新中国户籍制度作为一项针对公民身份的管理措施,从建立之初,就成为国家甄别个人身份的一种有效手段。"农业户口"和"非农业户口"的区别,不仅试图从居住地域上划分"城里人"和"乡下人",更重要的是不同户口类型对应的经济待遇和福利制度也由此确定。

在改革开放前高度计划集中的年代,公民的户籍身份与国家对于个人的物资分配体制紧密联系在一起。城镇居民凭借"非农业户口"的身份,在基本生活必需品的供应方面享有优先权;农民的"农业户口"烙印,则严格地将他们锁定在土地上,并且在衣、食、住、行、教育、医疗等社会福利方面相比城镇居

---

① 彭连清、周文良:《改革开放以来我国农村劳动力转移状况与特征》,《农村经济》2008 年第 7 期。

民落后很多。事实上，城镇居民与农村居民之间所形成的这两种差异巨大的生活方式，由于农村向城市的流动陷于停滞，使得后者要改变自己的弱势地位，几乎没有可能。更重要的是，城乡差距在马太效应的拉动下越来越大，甚至使得促进社会良性发展的代际流动都因此受到影响。根据西方学者"社会屏蔽"（social closure）理论：为了将社会资源或发展机会的可能性限定在具备资格的小群体内部，各种社会集团都会选定某种社会的或自然的属性作为排斥他人的正当理由。① 新中国的城乡二元户籍制度其实就是构筑"社会屏蔽"的藩篱，它与家庭出身、单位性质、学历层次、工作年限等共同构成一种新的"身份制"社会分层制度体系。很明显，在所有影响社会分层的因素中，户籍制度无疑是其中最基本的因素。

20世纪80年代以后，随着市场经济体制的逐步建立，户籍制度在限制人口流动方面已有所松动。② 由于不再依赖政府提供食品和其他生活必需品，户籍管理在控制农村人口流向城市方面的显性政策效应逐渐消减。但是，户籍制度的"社会屏蔽"作用并没有因此而减弱，不仅原先的城乡差异继续存在，而且这种差异在城市内部也逐渐显现。特别是在大城市内部的就业市场，本地劳动力和外来劳动力由于户籍归属不同，面临的就业机会、就业待遇差别迥异。③ 地方政府对本地劳动力的就业给予帮助并提供保护，同时对外来劳动力的就业施加种种限制。④ 虽然在进入21世纪以后，中央政府屡次重申要取消农民工进城就业的不合理限制，但保护本地劳动力就业毕竟是地方政府不容回避的责任。近两年，大城市政府对外来劳动力就业已无明显的总量和

① Parkin Frank.*Marxism and Class Theory*:*A Bourgeois Critique*,New York:Columbia University Press,1979,44-45.

② Fei-Ling Wang, "Reformed Migration Control and New Targeted People: China's Hukou System in the 2000s", *The China Quarterly*,2004,177:115-132.

③ 杨云彦、陈金永：《外来劳动力对城市本地劳动力市场的影响》，《中国人口科学》2001年第2期。

④ 蔡昉、都阳、王美艳：《户籍制度与劳动力市场保护》，《经济研究》2001年第12期。

比例限制,但这并不意味着外来劳动力与本地劳动力就具有同样的就业机会。事实上,各种针对外来劳动力的隐性、间接管制仍然影响着他们的求职机会和职业选择。因此,虽然 1958 年户籍制度强制性变迁之时企图把农民圈禁在土地上的构想,在实际运作中已经变形,但户籍制度影响城市内部社会阶层塑造的隐性政策效应正在发挥作用。

三、改革开放后中国户籍制度正经历缓慢的诱致性变迁

由于限制城乡自由流动和设置城市准入资格的政策背离了基本人权,中国户籍制度长期以来一直受到广泛的批评。改革开放以后,作为顺应农村剩余劳动力向城镇转移的大趋势,户籍改革的第一步就是放宽农村人口在集镇的落户限制。这一阶段,国家允许"在集镇有固定住所,有经营能力,或在乡镇企事业单位长期务工"的农民及其家属,在自理口粮的前提下准予在集镇落户。① 但由于集镇容纳能力有限,而且大城市又严格限制允许落户的郊区集镇范围,②到了 20 世纪 80 年代后期,这一改革措施基本停滞。直到 90 年代中后期,国家才开始推进新一轮以小城镇建设为重点的户籍制度改革。1997 年,公安部发布《小城镇户籍制度改革试点方案》,允许在小城镇具有稳定职业和固定住所的农村人口办理城镇常住户口,以促进农村剩余劳动力就近、有序地向小城镇转移。但与此同时,继续严格控制大中城市特别是北京、天津、上海等特大城市人口的机械增长。2001 年,小城镇户籍制度改革在全国范围内推开。③ 与小城镇户籍制度改革试点大约同时,国家针对当时户口

---

① 参见 1984 年 10 月 13 日发布的《国务院关于农民进入集镇落户问题的通知》。

② 例如,北京市 1985 年 3 月 23 日发布的《关于农民进入集镇落户的若干规定》中,就规定"市区规划线七百五十平方公里(即东至定福庄,西至石景山,南至南苑镇,北至清河镇)以内的集镇和门头沟区政府驻地、各县的城关镇,不允许农民自理口粮迁入落户"。

③ 参见 1997 年 5 月 20 日公安部发布的《小城镇户籍制度改革试点方案》以及同年 10 月 9 日《公安部关于小城镇户籍管理制度改革试点和完善农村户籍管理制度有关问题的解答》。2001 年 3 月 30 日《国务院批转公安部关于推进小城镇户籍管理制度改革意见的通知》发布以后,小城镇户籍制度改革在全国范围内推开。

管理的几个突出问题,出台了婴儿落户随父随母自愿政策,以及放宽解决夫妻分居两地和身边无子女需要投靠子女的老人的落户条件。截至 2008 年底,已有河北、辽宁等 12 个省区市相继统一了城乡户口登记制度,取消了农业与非农业户口划分,统称为居民户口。这些政策的推出,体现了政府对民间诉求的积极回应。尽管政策受惠面有限,但毕竟打破户籍管理中长期存在的一些歧视性和非人道规定,因此受到社会的普遍欢迎。

然而,此次呈现诱致性变迁特点的中国户籍制度改革,步伐缓慢。一方面,众多外来人口对一纸"户口"孜孜以求,另一方面,各地对打开"户口"闸门却始终犹疑不决。这是因为中国现行的户籍制度,除了具有传统意义上识别公民身份、亲属关系、法定住址等人口管理的基本功能之外,一直是作为一种身份甄别机制而存在,以便于政府实行差别性的社会公共产品分配需要。①改革开放以前,社会公共产品分配差异主要表现在城乡之间。虽然农村向城市流动非常困难,但对于已经进城并且获得工作机会的农村劳动力,一般会通过农业户口向非农户口的转化,获得与市民同等的待遇。改革开放以后,农村劳动力进城务工变得相当普遍,但在城市工作的农民工群体却很难获得户口身份的转变。这些进城务工的农民工虽然同样为城市的 GDP 和税收做出了贡献,但他们并没有获得同等享受城市社会公共产品的待遇,反而成为城市的边缘人群和弱势群体。

城乡之间以及城市内部不同户籍人口之间在社会公共产品分享数量和质量上的差别,某种程度上可以看做是政府在供给不足条件下的无可奈何选择。一方面,由于城市相比农村在公共产品的供给和消费上具有集聚优势,因此公共产品向人口集中的城市倾斜,不失为一个有效率的选择。另一方面,城市内部社会公共产品供给有限,如果完全根据属地原则确定分享对象,那么外来人口向城市的大量涌入,必然会激化供给和需求之间的矛盾。因此,户籍身份对

---

① 社会公共产品包括教育、医疗、住房、就业培训、社会保障等,一般是政府运用公共财政予以支付,对特定人群具有不可分割性和共享性的特点。

社会公共产品享用者的甄别筛选,实际上是内生于社会公共资源分配的一种衍生职能。[①] 户籍起到"门槛"的作用,可以防止城市公共产品的消费对象无限扩大,从而避免引发社会矛盾。

可见,在城乡差距仍然存在并且不断拉大的前提下,任由城乡人口自由流动,并且取消社会公共产品分享对象的筛选机制,在目前的发展阶段,显然并不现实。而且,由于城市各个阶层利益取向不同,市民和外来人口对城市公共产品共享存在冲突,这都成为取消差别性政策的障碍和"拦路虎"[②]。因此,诱致性变迁的户籍制度改革之所以进展缓慢而显得艰难,就是因为户籍制度与社会公共产品分配实际上是同一个问题的两个方面,前者的改革很大程度上依赖于后者的改变。

四、我国户籍制度的改革方向和步骤选择

目前,由中央和地方政府共同参与推进的户籍制度改革实际上是沿着两条路径前行。其一,实行城乡户口登记管理一体化,统一以"居民户口"取代"农业"、"非农业"等其他类型的户口;其二,逐步放宽户口迁移政策,只把具有合法固定住所、稳定的职业或生活来源作为在当地落户的条件。但在实际操作中,上述户籍改革措施往往至多在省级辖区范围内实施,跨省的户籍迁移仍然具有较多的困难。其中的原因在于,户籍仍然与社会公共产品的分享具有紧密的联系,而后者的统筹范围目前只能达到省一级的层面。这也就是为什么在目前户籍改革推进的过程中,中央政府只能给出原则性的方向,而具体的改革措施必须由地方政府出台的缘故。

就户籍制度改革的取向而言,逐渐淡化户籍归属与社会公共产品分享机制间的联系应该是人心所向。因为户籍身份是一种依附于国家的公民特征,

---

① 余佳、丁金宏:《中国户籍制度:基本价值、异化功能与改革取向》,《人口与发展》2008年第5期。

② 叶建亮:《公共产品歧视性分配政策与城市人口控制》,《经济研究》2006年第11期。

它的内在要求应该是全体国民间的平等和一致；而社会公共产品属于福利经济学范畴，它的分配机制和享用范围受制于空间和地区的限制。具体到某一个城市，社会公共产品由于供给有限，因此存在选择性的分配机制有其合理性。然而，考虑到我国公民的户籍身份很大程度上是通过继承获得，与个人能力没有必然联系，因此把户籍作为筛选社会公共产品享用资格的条件，在现代社会缺少合法性支持。

因此，户籍制度改革的取向应该是取消它与社会公共产品之间的联系。至于社会公共产品如何引入筛选机制实现公平分配，则是另一个需要解决的问题。不能由于尚未寻找出公平有效的筛选机制，就否认户籍制度应该与社会公共产品的分配脱钩。事实上，户籍管理作为国家最根本的社会管理制度，在其他国家的功能主要表现在人口信息的登记统计、身份证明的确认、户籍档案的管理等方面，是作为一种"民事登记"（civil registration）、"生命登记"（vital event）或者"人事登记"（registration of Person）而存在。① 根据联合国《民事登记和人口动态统计制度手册》（*Handbook on Civil Registration and Vital Statistics Systems*）的相关规定以及其他国家在民事登记中的实践，户籍管理更多是作为一项公民个人民事权利证明和国家经常性的人口动态统计制度而存在。② 对于国家而言，户籍制度的人口统计功能为一个国家提供广泛和全面的资料库，对于国家进行以人口方案为基础的规划、决策和评价十分重要；对于个人来说，户籍制度的民事登记功能可以在法律上用来证明个人权利和财产权，保证公民合法享受与个人身份、血统、年龄、婚姻等相关的若干权利。③

---

① 分别参见英国国家档案馆网页：http://www. nationalarchives. gov. uk/familyhistory/guide/people/civil.htm，联合国统计署网页：http://unstats.un.org/unsd/mbs/ddform.asp? getitem=178，斯里兰卡政府网页：http://www.rpd.gov.lk/about_us_rpd_t.htm。
② 联合国：《民事登记和人口动态统计制度手册：法律体制的制定》（联合国出版物，出售品编号：C. 98. XⅦ. 11）[EB/OL].http://unstats.un.org/unsd/publication/SeriesF/SeriesF_71C.pdf。
③ 联合国：《民事登记和人口动态统计制度手册：管理、动作和日常业务》（联合国出版物，出售品编号：C. 98. XⅦ. 7）[EB/OL].http://unstats.un.org/unsd/publication/SeriesF/SeriesF_72C.pdf。

虽然,户籍作为社会公共产品分配的"门槛"在一些国家也存在,如苏联、俄罗斯等,但在市场经济占有优势的国家中则非常少见。[①]因此,淡化与社会公共产品分配之间的联系,回归到人口动态统计和民事权利证明的基本功能,应该是未来户籍制度改革的取向。

但问题在于,一旦削弱两者的联系,在社会公共产品分配仍然具有地域性的前提下,如何辨别具有享用资格的主体? 在目前推进的户籍制度改革中,城乡户口登记管理一体化有利于全体公民的身份认同,放宽户口迁移政策有利于让更多人口能够享受优质的社会公共产品服务。但是,如果惠及城乡、全国一体的基本社会公共产品(如社保、教育等)分享体制不能建立的话,目前的户籍改革只能是阶段性和局部性的,并不能从根本改变它所具有的负面效应。因此,户籍制度改革必须与社会公共产品分配体制的改革同步推进,否则后者将成为前者的"瓶颈"。

因此,户籍改革在短期内一蹴而就显然并不现实。《国家新型城镇化规划(2014—2020年)》提出差别化落户政策,要求到2020年实现1亿左右农业转移人口和其他常住人口在城镇落户。从实际操作开看,中国户籍制度改革应该有相应的短期、中期、长期目标。短期目标的实现并不涉及社会公共产品分配制度的改革,仅仅需要消除户籍制度自身存在的一些不合理规定;中期、长期目标的实现则必须仰仗社会公共产品分配体制的推进,只有在后者已经取得成效的前提下,才能最终实现户籍制度改革的终极目标:回归人口动态统计和民事权利证明的基本价值。因而,结合国情出发,中国的户籍制度改革应该采取如下步骤:首先,建立城乡一体的户口登记制度,放宽一省范围内的户口迁移限制,按照"固定住所、稳定职业、一定年限"原则允许外来人口在居住地落户,并逐渐享受居住地的社会公共产品服务待遇;其次,取消针对城市非户籍人口的各项歧视性管理,尤其是劳动力市场不合理的管制,逐步做到城市

---

① 接栋正、丁金宏:《国外民事登记制度研究及其对我国户籍制度改革的启示》,见《人口流动与城市适应论文集(未刊)》,华东师范大学2008年12月,第234—244页。

社会公共产品(包括社会保障、教育)的分配按照属地原则一视同仁,凡是为城市的建设和发展做出贡献的人群,不管是市民还是外来人口,都享受一样的社会公共产品服务;最后,努力构建全国范围的可流动、均等服务的社会保障体系,形成城乡劳动者平等迁移、平等就业的体制,使得户籍制度与社会公共产品的分配脱钩,并且回归到人口动态统计和民事权利证明的基本功能。总之,户籍制度改革的远期目标是让户籍与社会公共产品的分配彻底脱钩;中期目标是淡化户籍在城市社会分层中的作用,建立以市场和能力为导向,而非计划与身份为门槛的社会公共产品分享体制;近期目标是实现城乡户籍登记一体化,并允许在城市生活一定年限的外来人口转变为城市市民。

第二节　农房确权制度改革

为解决全国农民私有住房登记发证率低、农房法律地位不明确的问题,2014 年 8 月,由国土资源部等部门联合下发《关于进一步加快推进宅基地和集体建设用地使用权确权登记发证工作的通知》,[①]要求"将农房等集体建设用地上的建筑物、构筑物纳入宅基地和集体建设用地使用权确权登记发证的工作范围,实现统一调查、统一确权登记、统一发证"。随后,国务院颁布实施《不动产登记暂行条例》也明确规定将房屋等建筑物、构筑物所有权以及宅基地使用权等不动产权纳入登记。这两条政令的出台,是对党的十八届三中全会《中共中央关于全面深化改革若干重大问题的决定》提出实现"农民住房财产权"措施的细化和落实。然而,农民住房财产权的确认(以下简称"农房确权")也面临棘手的现实操作问题,亟需完善相关制度设计和推进后续改革措施。

---

① 国土资源部、财政部、住房和城乡建设部、农业部、国家林业局:《关于进一步加快推进宅基地和集体建设用地使用权确权登记发证工作的通知》,2014 年 8 月 1 日。

一、农房确权的背景

作为国际惯例,对不动产进行统一登记是土地管理的一项基础性工作。但长期以来,我国城市居民的私有住房由国家颁发房产证,而对农民的私有住房则从未颁发过房产证。没有房产证,就意味着农房的法律地位没有确立,因此农民的房产权,本质是财产权,就不能通过正当的市场交易进行买卖、处置或变现。2008年的《物权法》和2020年通过的《民法典》已赋予农房法律地位,受到法律保护。

此次农房确权将农房和宅基地、集体建设用地使用权一道纳入不动产登记范围,就是要完善产权制度,明确农房权属,颁发房产证书。这既有利于清晰界定农民的财产权利,维护农民合法权益,也为下一步农村制度改革的深化,如推进农村集体土地征收制度改革、试点农民住房财产权抵押、担保和转让,保障农房财产权益等创造前置条件和法律依据。

二、农房确权面临的难题

尽管农房确权意义重大,但因长期以来农房产权制度建立与管理的缺失,因此首次农房确权就必须担负起短期内解决全国两亿农户所拥有的各类住房的调查处置登记颁证工作的重任。统计显示,截至2014年7月份,全国宅基地使用权发证率达到了80%,[1]但农房登记发证率较低,农村房屋普遍"有房无证"。以浙江某地级市S市为例,该市自2014年6月份出台《关于加快推进集体土地范围内房屋登记发证工作的指导意见》,[2]在全市范围内全面启动农房确权登记发证工作,计划在2015年9月30日前基本完成61.45万户农房

---

[1]　王婵:《农村"三块地"改革方向明确:宅基地可有偿退出》(2014-12-03),http://www.zj.xinhuanet.com/finance/2014-12/03/c_1113497880.htm。

[2]　中共绍兴市委办公室、绍兴市人民政府办公室印发《关于加快推进集体土地范围内房屋登记发证工作的指导意见》的通知,2014年6月14日。

确权登记发证工作任务。然而，截至 2015 年 4 月 25 日，全市测绘完成率 80.8%、发证率仅 19.88%，即 12.21 万户，远低于预期进度。究其原因，从地方政府部门角度，因对判定既有房屋是否符合确权要求，以及如何处置违规建设房屋上缺乏明确的政策依据和符合农村实际的操作手段，故而工作进展缓慢；从农户角度，则存在对确权政策公开透明度的顾虑和自身利益受损的担心，有观望等待情绪，配合度不高的心理。农房确权面临的难题具体表现在如下方面：

（一）甄别难：如何判定各类房屋的合法合理性

农房确权明确要求只针对合法的、不存在权属纠纷的宅基地，而违法违规用地形成的宅基地未经处理之前不能登记发证，即不能为违法建造和购买的住宅发放土地使用证和房产证。而不少地方由于农房权源资料不全、权属争议复杂，合法建筑与违法建筑（以下简称"违建"）很难区分，所以确权面临各类复杂的房屋现状，亟需分类处置。

调查发现，很多村民不是一户拥有多套房屋，就是房屋占地面积超限，有的超过了规划红线。个中原因复杂，一是随着经济社会的发展，农村户籍人口不断增加，土地指标有限，很多地方已经多年未分配过宅基地，"一户一宅"的承诺难以兑现。基于居住需求，村民未获宅基地批准而自行先建住房现象屡有发生。二是由于宅基地无偿使用，在一些地方出现了建新不拆旧、违规违章超建住房等情况，包括一户多宅，或是少批多占多建等。[①] 三是地方政府管理不到位。尤其对农民建房现场监管、实时跟踪、责任追究等的缺位、错位，造成面积超标等违建现象屡禁不止。

据 S 市对农村违建情况的调查统计，在时间上，既有 1999 年版《土地管理法》修订实施前形成的，也有 1999 年之后形成的，分别占 46.2%、53.8%；在土

---

① 马立新：《农村宅基地若干问题探讨》，《中国国土资源经济》2010 年第 8 期。

地性质上,既有占用耕地的,也有占用建设用地、其他用地的,分别占 10.1%和 47.3%、42.6%;在用途上,既有住宅和生活附属用房,也有生产经营性用房、集体公益性用房;在建筑形态上,既有单独建筑,也有在合法建筑旁拼建或超层建造的,给处置带来很大的困难。

因此,排除法律严禁纳入确权颁证的小产权房,此次农房"按户确权",需要甄别大量的违法用地和违章建筑,与合法的农房进行分类区分。只有通过大量的人力物力和调查取证,且根据不同情况有针对性地出台专门政策慢慢消化,才能进入确权登记发证阶段。

(二)处置难:如何规范确权程序和处置违建

与城市住房"房地合一"的财产权不同,根据我国现有土地管理制度,农房属于私人财产,宅基地归集体所有,宅基地不包含在农民住房财产权内,即"房权"和"地权"是分开的。农村房屋和宅基地所有权割裂的现状在某种程度上加大了农房确权登记的难度。众所周知,房屋真正有价值的部分不是砖头瓦片、钢筋水泥,而是其所占的土地。因此,农房确权不只是表面的"确房",背后还隐藏着"确地"前提。事实上,只有村民得到"两证",即宅基地使用权证和农村房屋所有权证,才真正表明农房确权完成。

所以此次农房确权要求"将农房和宅基地统一调查、统一确权登记、统一发证",但具体到操作层面,"统一"的含义意味着首先判定宅基地是否合法,进而判定房屋面积是否合法的行政程序。在确权过程中,对那些因主客观原因造成的违章占地和建筑,如果认定其不合法,该如何处置? 如果通通采取"一刀切"做法,不予登记,则极有可能加剧农村住房矛盾,使问题激化。不少基层干部反映,由于缺乏一个符合农村实际、可操作的处置标准和手段,在农村拆违中,存在一些选择性执法、随意性执法现象:如有举报拆,没举报不拆、路边拆,村中不拆、关系不好拆,关系好不拆,极大损害了社会公平正义。

从政策层面看,修订后的 1999 年版和 2020 年版《中华人民共和国土地管理法》对集体土地上农民违建行为只作出了"限期拆除"的唯一规定，即使超建一个平方，依照法律也得拆除。但在农村，这一"一刀切"的规定，实际根本无法做到，法律执行无力。尽管 2010 年国土资源部出台的 28 号文件《关于进一步完善农村宅基地管理制度切实维护农民权益的通知》明确对农村违法建筑少批多建部分，可以以村集体名义征收宅基地有偿使用费，但各地也多执行不力。同时，按照各地现行的农房登记政策，除部分超层情况允许阴影标注外，对建房土地面积大于批准用地的一律不予登记，导致大量农房产权也难以正常登记。

（三）配合难：如何打消农民的顾虑心理

由于长期处于无证状态，一方面，农村百姓对农房确权登记发证翘首以待，希望通过确权登记，使自己的住房真正实现价值体现；但另一方面，也存在一些担心顾虑——主要是害怕政策执行不透明、不公开；城镇周边有违法建筑的农民则担心确权登记后会对拆迁赔偿带来不利影响；加上农房确权登记办证手续资料较为繁杂、需要支付一定规费、农房登记后将会在购置商品房银行按揭贷款时作首套房计入等原因。因此，有一大部分农民对农房确权登记处于观望之中，积极性和主动性不高。

（四）实施难：如何形成强有力的推动力

尽管建设部门是农村房屋产权登记发证工作的主要职能部门，但具体工作涉及国土、规划、公安、财政、司法、民政等多个部门，并要依靠乡镇（街道）具体实施，是一项涉及多部门密切配合、通力合作的系统工程。从 S 市的情况看，尽管前几年一直在推进农房确权登记工作，也取得了一定的阶段性成效，但由于在政策、组织领导层面没有形成更为强有力的支撑和推动力，使得工作进展比较滞后。并且作为农房确权登记发证工作实际开展的主要力量，乡镇党委政府的工作千头万绪，人财物资源配置紧张，也在一定程度上影响了农房确权工作的精力投入。

因此,农房确权需要建立一种符合农村实际、可操作的制度设计,将房、地确权结合起来,将政府依法处理、基层组织自治、农民群众参与三股力量凝聚起来,最大可能妥善处理历史遗留问题,解决好当前各种矛盾,避免今后出现新的问题。

三、农房确权的制度设计

依靠可信可行的政策工具,破解农房确权甄别成本高和处理难度大的现实难题,更好发挥基层组织的作用和调动农民的积极性,使利益相关方充分参与确权过程,是确权全流程制度设计的应有之义。

(一)梳理有关政策,判断农房合法合理性

由于在不同的历史时期,国家和各省关于农村建房用地有不同的政策,因此需要梳理出中央和地方(主要是省级层面)的各项具体政策法规。

以浙江省为例,在 2020 年版《中华人民共和国土地管理法》生效前,关于农村建房依据的政策主要为:(1)1982 年 2 月 13 日—1986 年 6 月 25 日期间生效的《村镇建房用地管理条例》。(2)1987 年 1 月 1 日起生效的《中华人民共和国土地管理法》。其间,1988 年 12 月 29 日,第一次修正后实施;1999 年 1 月 1 日,第二次全面修订后实施;2004 年 8 月 28 日,第二次修正后实施。(3)2013 年 1 月 1 日浙江全省开展的"三改一拆"行动。"三改一拆"是指浙江省政府决定,自 2013 年至 2015 年在全省深入开展旧住宅区、旧厂区、城中村改造和拆除违法建筑(简称"三改一拆")三年行动。通过三年努力,旧住宅区、旧厂区和城中村改造全面推进,违法建筑拆除大见成效,违法建筑行为得到全面遏制。(4)2014 年 3 月 27 日《浙江省人民政府办公厅关于规范农村宅基地管理切实破解农民建房难的意见》(浙政办发〔2014〕46 号)。根据这些政策法规出台实施的时间节点,为判定地方各个历史时期建设的农房是否合

法合规建立标尺。

(二)调查农房现状,掌握房屋总体信息

过去我国农村住房一直存在突出的人地矛盾,表现在农民建房需求大,但建房用地指标少;农房(宅基地)未批先建、少批多建等现象突出。

调查表明各地农房总体可以分为四大类。一是可直接申请确权登记的,这其中大部分情况为以往政策未明确或暂不允许确权登记的;二是众多住房困难户、无房户,由于建房占地指标一时难以解决,出现少批多建、未批先建行为的;三是轻微违建的,如批准面积与其人口户型相吻合的情况下仍有超建行为,但超建面积不大的;四是农房占地面积超标特别严重和住房面积超标特别严重的,不符合"一户一宅"条件未批先建的,以及"建新未拆旧"的等。

虽然房屋所有权和宅基地所有权在产权体系中分属农户和集体,但基于物权体系中"地随房走,房随地走"的"房地合一"基本原则,因此农房确权的关键环节是将确房和确地(宅基地)结合,"房地一体"统一调查,掌握完整信息。

(三)结合农村实际,建立确权指导原则

"房地合一"的实际运行规则决定了农房确权实质是先确地,后确房。只有满足一户一宅、符合规划、村民自用的条件,①才能纳入农房确权范围。

在确立农房确权指导原则时,针对上述存在问题,立足于系统化、整体性思维的角度,首先需要考虑把"地"与"房"有机结合起来,即按照"房地一体、先地后房"的原则,同步推进农村宅基地和房屋的确权登记发证;二是把集体土地上的农民住宅、生产经营性用房和集体公益性用房三大类农房全部结合起来,做到统筹兼顾;三是把农房确权登记发证、解决农房历史遗留问题和农

----

① 陈锡文:《应准确把握农村土地制度改革新部署》,《中国党政干部论坛》2014年第1期。

村拆除违法建筑标准确立这三个紧密关联的问题充分结合起来,力求协同推进。

（四）把握底线尺度,出台分类处理办法

农房确权既要考虑到维护农民合法权益,也要适度甄别处理轻度违法,使大多数房屋能够纳入确权登记发证过程中。

在综合考虑整体合法性、面上平衡性和政策连贯性的基础上,按照"先地后房"的处理办法,农民所建房屋,如占地合法、面积合标,即可申请按合法批准面积登记房屋所有权。如占地超标或超层建设,则根据具体情况,建议运用阶梯式收取宅基地有偿使用费这一"经济杠杆"和"坚决拆除"这一手段对各种有违建行为的农房区别对待。对农房违建不同时间、性质、面积、地段以及当地农民收入情况,制定由轻及重、差异化的宅基地有偿使用费收取标准,超层违法建筑部分不予登记。其中对超建面积比较大的,坚决予以拆除。总体说来,违建时间由远及近,处理政策从宽变紧。此外,违建面积的大小是否在合理户型范围内,也是进行违建分类的要素。

（五）坚持公开透明,规范确权操作规程

农房关系到广大农民的切身利益,在确权登记发证操作的全程中,只有坚持公开透明、公正严明,才能打消农民各种疑虑,最大限度取得农村百姓对农房确权工作的支持。一是明确政策。对农房历史遗留问题分类处理的标准进行详细规定,不模棱两可、不含糊其词,严格依法依规确权。二是规范登记。严格按照"先地后房"、"房地一致"的原则处理,并对申请、调查、受理、联审、处理、确认、公告等环节的责任主体、操作规程等作出细化规定。三是高效发证。按照便民、利民的要求,制定简化办事程序、免除办证费用、减轻农民负担等一系列举措。四是处罚公开。对违法建筑的处罚,除了明确必须予以拆除的几种情形外,对于超建面积相对较小的,根据不同的违建时间、情形及当地农民收入情况等制定严格的标准,采用由集体经济组织向违法建筑责任主体收取宅基地有偿使用费并签订协议的方式。这一做法符合国土资源部 2010 年 28 号文件精神,政策依据充分,也完全符合村民自治精神;同时,这部分费用并不上缴政府财政,而是全额留存村集体,除适当允许支付农房登记测绘费用外,其款项在公开、监督的条件下重点用于新农村建设(包括向农户购买闲置合法建筑或支付建筑物残值补偿用于开展空心村改造)、村公益事业发展等,充分调动基层自治组织的积极性。

总之,农房确权的制度设计,需要解决确权工作中面对复杂房产现状因缺乏政策工具而往往采取"一刀切"式的简单工作做法,通过"房地一体、先地后房"的确权原则划定底线,通过完善宅基地使用手续和收取宅基地有偿使用费等办法,鼓励村民自治组织和村民代表参与确权全过程,尽可能将多数农房纳入此次确权登记中,让大多数农村百姓获益。

四、完善农房确权的政策建议

促进农房确权工作顺利开展,既要求地方政府尊重历史和客观事实,保障农民合法财产权,做好存量农房确权工作,又要从源头防止新的违法用地和违法建筑产生,使新建农房符合确权要求。另外,从中央政府层面推进改革,逐步完善农房与宅基地割裂的产权现状,为土地资源转变为土地资产,并可通过抵押流转实现农民财产权利清除市场化障碍,实现农房确权的真正价值和意义。

(一)借助农房确权鼓励农村节约集约用地

随着城镇化发展,人口流动,全国不少地方出现了空心村和房屋闲置现象。农房确权,为农村整合优化土地资源配置提供了契机。可鼓励已分户直系亲属(包括本村农民)之间,拆除符合复耕条件的合法建筑,等面积异地与新房联建并置换其中超面积部分,超面积部分经抵扣后不再进行处罚,并以合法面积予以登记;鼓励合法拥有两处建筑的农民,拆除符合复耕条件的一处,等面积置换合建等。① 鼓励各地加大空心村改造力度,充分利用原有宅基地、村内空闲地和低丘缓坡地,②通过盘活存量解决无房户、危房户、住房困难户建房问题。

(二)通过指导和监管确保新建农房达到确权要求

防止新的违法用地和违法建筑产生,建立更为顺应群众诉求,实事求是解决农民建房难的体制和机制,才能使新建农房从开始就符合确权要求。首先,加快规划编制,合理确定农村居民点用地范围和布局。对城镇规划区内的农民建房,纳入城市建设,实施城市社区化改造;城镇规划区之外的农民建房,纳入新农村建设,引导向中心镇、中心村集聚。其次,进一步规范宅基地审批程序,下移宅基地管理重心,推动宅基地审批扁平化、属地化管理。按照“农户申请、村级审查、乡镇审批、县市备案”的模式,完善农民建房审批制度。再次,切实加强农民建房监管。建立镇村共同责任机制,严格落实“四到场”制度,即建筑放样到场、基槽验线到场、施工过程到场、竣工验收到场。同时,积极发挥农民自治作用,将“合法建设”纳入村规民约,加强从源头约束违法建设行为。

(三)推进宅基地流转和农房财产权抵押担保制度改革,使农房确权具有实质经济价值

应当认识到农房确权只是土地管理的一项基础性工作,只有在市场中实现房、地的流转和抵押,农房确权才具有实际的经济意义。一是探索进城落户农民自愿有偿转让农房的同时,实现有偿退出或转让宅基地,并扩大流转范

---

① 杨继瑞:《中国农村集体土地制度的创新》,《学术月刊》2010年第2期。
② 宋伟、陈百明、张英:《中国村庄宅基地空心化评级及其影响因素》,《地理研究》2013年第1期。

围。"房、地一体"的物理现实客观上要求在住房转让的同时,宅基地也同时实现流转。目前法律规定农民对宅基地只享有占有和使用权,没有处置权和收益权。① 但如果无偿退出或转让宅基地,势必造成进城农民宁可对宅基地及农房粗放闲置,也不流转。② 因此建议农村宅基地用益物权的赋权延伸到包括收益权和处分权。此外,目前政策规定宅基地是在本集体经济组织内部成员间流转,建议适当扩大到乡镇乃至县级辖区内的符合宅基地使用权取得条件的农业户口人员。住房转让时,如买房人是本集体经济组织成员,由村民自行协商价格,宅基地使用权一并转让;如买房人是非本集体经济组织成员,由村民自行协商房屋价格,集体土地所有人对其收取宅基地有偿使用费或宅基地使用租金,并与转让农户之间达成收益分配机制。二是改革完善农房财产权抵押担保制度。与宅基地流转类似,目前政策规定农房抵押受让方必须符合两个条件,一是受让方必须是同一集体经济组织成员,二是受让方必须是无房、无宅基地的农户。对于银行而言极易出现贷款还不上要拍卖农房都很难找到符合条件的买家的状况,所以出于坏账考虑对农房抵押极少问津。③ 建议适当扩大抵押农房的受让人范围,将试点乡镇乃至县级辖区内的农业户口人员都纳入其中。同时参照宅基地流转改革建议,大胆探索"宅基地租赁权"制度,即一旦农房要实现抵押权,农房的受让方可以"买房租地",对农房可以取得所有权,而对农房所占有的宅基地则可以取得"宅基地租赁权",这样一来,农房买受人既可以占有使用该宅基地,集体土地所有人也能收取相应的宅基地租金,用于保障农民的利益。

当然,上述突破现行法律的改革要得到法律授权,先立法后改革,确保房、地制度改革纳入法治化轨道。

---

① 韩俊:《把农村土地制度改革纳入法治化轨道》,《中国党政干部论坛》2014 年第 9 期。
② 彭长生:《农民宅基地产权认知状况对其宅基地退出意愿的影响——基于安徽省 6 个县 1413 户农户问卷调查的实证分析》,《中国农村观察》2013 年第 1 期。
③ 李飞云、祝璐、史和新:《浙江绍兴司法试水农房抵押欲盘活"沉睡资本"》,(2011-05-12),http://www.chinanews.com/df/2011/05-12/3035141.shtml。

第三节 农村集体产权制度改革

一、农村土地制度改革等系列制度创新

人地关系是决定农业生产力和生产关系的主要因素。改革开放以来，家庭承包制极大地解放和促进了农业生产力。然而由于我国农户户均经营规模小而散，农产品生产成本高，且随着工业化城镇化程度提高，劳动和土地成本增长趋势越发迅速，导致近年来"三量齐增"，农产品缺乏国际竞争力的局面越演越烈。只有既注重引导一般农户提高集约化、专业化水平，又发展多种形式的农业适度规模经营才能克服农业兼业化、农民老龄化和农村空心化的不利影响。

目前全国2.3亿农户中，约30%、超过7000万农户已流转了土地，东部沿海发达省份这一比例更是超过50%，土地承包权主体同经营权主体分离现象越来越普遍。顺应城镇化进程中越来越多离土农民要求保留承包权、放活经营权的意愿，习近平总书记在2013年7月湖北考察改革发展工作时首次提出"深化农村改革，完善农村基本经营制度，要好好研究农村土地所有权、承包权、经营权三者之间的关系，土地流转要尊重农民意愿、保障基本农田和粮食安全，要有利于增加农民收入"。[①] 2016年4月25日他在安徽小岗村农村改革座谈会上再次就落实农村土地集体所有权，稳定农户承包权，放活土地经营权的政策构想做了深刻阐述，随后《关于完善农村土地所有权承包权经营权分置办法的意见》出台。"三权分置"将经营权从承包权里分离出来，允许经营权自由流转。这一变化有利于促进土地经营权在更大范围内的优化配置，有利于加快转变农业发展方式，鼓励培育家庭农场、农民合作社、农业企业等

---

① 《深化改革要处理好5大关系》，《人民日报海外版》2013年7月24日。

新型经营主体发展适度规模经营,为发展现代农业提供坚实保障。同时"三权分置"通过实现集体、承包农户、新型经营主体对土地权利的共享,有利于促进分工分业,让流出土地经营权的承包农户增加财产收入,让新型农业经营主体实现规模收益。

与此相配套,协同发挥政府和市场"两只手"作用,以系列制度创新组合拳培育农业农村发展新动能。如统筹推进农村土地征收、集体经营性建设用地入市、宅基地制度改革试点;深化农村产权制度改革,明晰农村集体产权归属,增加农民财产性收入,解决城镇化发展的后顾之忧;加快农产品价格形成机制和收储制度改革,解决资源错配和高库存问题,做好政策性粮食库存消化工作;改革财政支农投入使用机制,把钱花在刀刃上,体现在供给侧结构性改革的政策取向上;加快农村金融创新,降低涉农主体融资成本,提高"三农"融资的可得性,让金融更好地服务于农业农村的创新发展;健全农村创业创新机制等政策措施为促进农业提质增效,拓展农村发展空间奠定坚实基础。

二、农村集体产权制度改革务必确保农村稳定

首先,坚持试点先行、先易后难,不搞齐步走、一刀切。一是要牢牢抓住并处理好农民与土地关系这根主线,审慎深化农村土地承包经营制度改革,坚持土地的集体所有权、保障农户的承包权、用活土地经营权,完善统分结合的双层经营体制,稳妥推进农村土地征收、集体经营性建设用地入市、宅基地制度改革试点。习近平总书记强调,农村土地制度改革是个大事,涉及的主体、包含的利益关系十分复杂,必须审慎稳妥推进。不管怎么改,不能把农村土地集体所有制改垮了,不能把耕地改少了,不能把粮食产量改下去了,不能把农民利益损害了。①"四个不能"的论断从大局和方向上清晰表明了土地制度改革的界限。二是要积极稳妥有序推进农村集体产权制度改革。党的十八届三中

---

① 《习近平在农村改革座谈会上强调　放活土地经营权要把选择权交给农民》,《新华日报》2016 年 4 月 29 日。

全会提出,赋予农民更多财产权利。2016 年 4 月,习近平总书记在小岗村农村改革座谈会上强调着力推进农村集体资产确权到户和股份合作制改革。集体产权制度改革是把集体的经营性资产确权到户,进行评估搞股份合作制改革,使资源变资产,资金变股金,农民变股东,实现农民对集体资产的占有、使用和收益分配的权利,让农民得到更多的财产性收入,让农民共享农村改革的发展成果。经过长期的发展积累,目前全国农村集体经济组织拥有土地等资源性资产 66.9 亿亩,各类账面资产 2.86 万亿元,大体上全国的村平均近 500 万元,东部地区村均近千万元。[①] 2015 年全国部署 29 个县(市、区)开展积极发展农民股份合作、赋予农民对集体资产股份权能改革试点,一些先行地区,特别是沿海一些地区已经开展这项改革,但绝不能不顾地区差异和发展实际强制性盲目推开,应允许采取差异性、过渡性的制度和政策安排。

其次,充分尊重农民意愿,不以政府主观意志代替农民主体作用。要保障农民的选择权,把选择权交给农民,而不是代农民选择。要民主决策,涉及成员权利的重大事项都要充分发扬民主,如成员身份确认、资产股权的设置等问题不是干部决定,而是由农村群众民主讨论决定。要保障农民的知情权、参与权、表达权和监督权,不论是改革方案的制定还是具体组织实施,以及改革之后建立管理制度,都要维护农民集体成员的监督管理权利。

再次,加强和创新农村社会管理。习近平总书记强调农村社会管理以保障和改善民生为优先方向,形成农村社会事业发展合力,努力让广大农民学有所教、病有所医、老有所养、住有所居。要推动形成城乡基本公共服务均等化体制机制,特别是要加强农村留守儿童、妇女、老人关爱服务体系建设。根据乡村自身发展规律,注重补农村短板,扬农村长处,强化村级组织运转经费保障,发展壮大村级集体经济,增强集体经济组织服务功能。切实加强基层党的建设和政权建设,将全面从严治党要求落实到农村基层,选好用好管好农村基

---

① 韩长赋、陈晓华:《推进农村集体产权制度改革让农民共享发展成果(在国新办新闻发布会上)》,《人民日报》2017 年 1 月 4 日。

层党组织带头人,提高基层组织凝聚力和带动力。完善村党组织领导的村民自治有效实现形式,提升乡村治理水平。要树立系统治理、依法治理、综合治理、源头治理理念,推进平安乡镇、平安村庄建设,开展突出治安问题专项整治,引导广大农民自觉守法用法。培育与社会主义核心价值观相契合、与社会主义新农村建设相适应的优良家风、文明乡风和新乡贤文化。总之,发挥农民的主体性,激活农业农村内生发展动力,让农民成为改革发展治理的参与者和受益者,夯实农村共享发展基础。

三、资产收益扶持制度促精准扶贫：贵州六盘水案例

对政府和全社会而言,帮助农村贫困人口扶贫脱贫是提供一种重要的公共服务。我国自20世纪70年代末实施改革开放战略以来,经过全国范围有计划有组织的大规模开发式扶贫,取得了前所未有的伟大成就。党的十八大以来,以习近平同志为核心的党中央把脱贫攻坚作为全面建成小康社会的底线任务,提出精准扶贫理念,创新扶贫工作机制,出台一系列超常规政策举措,构建了一整套行之有效的政策体系、工作体系、制度体系。经过8年的努力,我国脱贫攻坚战取得了全面胜利,完成了消除绝对贫困的艰巨任务,充分彰显了党领导的政治优势和社会主义制度优势。其中2015年提出的"探索对贫困人口实行资产收益扶持制度"无疑是在中央顶层层面制度建设上的一大亮点。这既是落实精准扶贫的政策要求,更是促进贫困人口通过共建共享实现自我发展的有效途径。各地实践表明,将财政资金整合使用与农村集体产权制度改革相结合,让贫困群众获得资产性收益,有助于重构农村产权制度红利,有助于提高财产性收入在贫困人口收入中的比重,有助于动员政府、市场和社会力量以精准扶贫促共享发展。

(一)资产收益扶持制度的含义

资产收益扶持制度,主要针对自主创收能力受限制的农村贫困人口,对其

采用政策托底办法,即利用财政专项扶贫资金或部分支农资金作为对丧失劳动力而无法劳作的贫困人口股份,参与专业大户、家庭农场、农民合作社等新型经营主体和龙头企业、产业基地的生产经营和收益分红,以增加这部分贫困人口的资产收入。目的在于把细碎、分散、沉睡的各种资源要素转化为资产,整合到优势产业平台上,扩展贫困人口生产生存空间,让其享受到优质资源、实现脱贫致富。到 2015 年,已有四川、湖南、湖北、贵州等省份先行开展"资产收益扶持制度"扶贫探索。

除了由外部注入国家财政资金形成资产确权入股外,资产收益扶持制度还可以延伸到与农村内部集体产权制度改革结合,即农民可以用个人资产,如享有承包经营权的土地和住房财产权的房屋入股;村集体可以用集体资产入股,将集体资产股份量化,再按一定比例分配收益,由此增加农民和集体的财产性收入。

回顾历史,中国农村股份合作制改革和政府扶贫体制的时代变迁为资产收益扶持制度的建立奠定了基础。改革开放之初的 1978 年,中国农村居民贫困发生率为 97.5%,农村贫困人口规模高达 7.7 亿。伴随着家庭联产承包责任制的推行,股份合作制改革于 20 世纪 80 年代首先在东部地区推开,它满足了农民对集体财产再分配的要求,既保全了集体财产的完整,[1] 又调动了个体生产积极性。以山东周村试验区的长行村为典型,该村 1984 年率先将原有生产队的集体财产折股到劳,实行股份合作,从而将合作制成员参加劳动、按劳分配和提取公共积累与股份制筹集资金、按股分配和经营管理方面的优势有机地结合起来。[2] 通过实施股份合作制改革,农村各种生产要素得到优化配置,农民生产发展的积极性被极大地调动起来,因此贫困发生率大幅下降。至 20 世纪 90 年代,农村股份合作经济逐步扩展到社区集体经济组织股份合作

---

①　余国耀、温铁军、张晓山:《中国农村的股份合作制》,《农村工作通讯》1995 年第 1—2 期。

②　农调总队:《中国农村股份合作制的发展》,《调研世界》1996 年第 2 期。

制、乡村集体企业股份合作制、农民股份合作企业、农村合作基金会四种类型,[1]并且改革从地域上由东部向中西部地区扩展,从产业上由第二产业向第一、三产业扩展。此时,贫困地区的扶贫开发也明确提出要引入股份合作制,[2]如采取扶贫部门与村、社联合入股经营,城镇有关单位与村集体、农户联合入股经营,企业与农户联合入股经营,横向联合入股经营等方式,但当时的主要目的还是解决扶贫资金供给不足、资金投入单一问题,试图引导形成多元化的投入格局。进入 21 世纪,政府越发意识到扶贫体制仅仅依靠"输血"是不够的,各地开始探索通过股份制的方式向"造血"转变,包括利用扶贫资金建立企业,把财政资金变成资本金,形成一种可持续开展的扶贫长效机制。如2004 年起湖北五峰县与湖北省财政厅实行"股份扶贫"的办法,即帮扶不再无偿给钱,而是让村委会先确定发展项目,再由扶持单位、对口部门和村集体及村民按照比例配股组建股份制公司,形成利益共同体。而最新提出的资产收益扶持制度则进一步改进扶贫方式,由过去的"大水漫灌"变为"精准滴灌",明确将财政专项扶贫资金或部分支农资金作为贫困人口股份,并结合农村产权股份合作改革,努力实现精准扶贫。可见,中国特色的扶贫理念在与实践结合中不断更新。

(二)资产收益扶持制度的设计理念

1. 找到精准扶贫新路径

改革开放以来,中国政府主导的大规模开发式扶贫战略成效显著,与此同时,随着"减贫效应"的边际递减,采用过去粗放型的扶贫投入方式难以再取得相应的"产出"。只有实施精准扶贫,对贫困人口找准致贫原因,分类施策,才能实现精准脱贫。创新扶贫到户形式,尊重贫困户在脱贫致富中的主体地

---

① 中国农村股份合作制研究课题组:《中国农村股份合作制的发展与政策研究》,《农村合作经济经营管理》1994 年第 9—12 期。

② 李贵林:《贫困地区的扶贫开发应积极引入股份合作制》,《民族工作》1995 年第 6 期。

位、实行资产收益型扶贫模式即是一种探索。

建立资产收益扶持制度,就是在山高坡陡、居住分散、贫困面广、贫困程度深的情况下,将财政扶贫资金、承包土地经营权和部分农村集体资产量化等作为贫困户在农村新型经营主体中的股份,使贫困户享受分红、就业、技术指导、产品回购等多种收益,从而建立市场主体、合作组织与贫困户的利益连接机制,促进贫困户稳定增收脱贫。

通过股权纽带,把贫困农户与企业、合作社、家庭农场等经营主体连接起来,改变过去点对点的扶贫模式,将贫困户从狭隘的生产、生存和发展空间中解放出来。一方面,贫困户从扶贫资金、承包土地经营权和量化集体资产的入股中获得各种经营主体的股东身份,从而使贫困户获得长期、稳定、可持续的收入;另一方面,经营主体可以通过财政资金的投入和资源整合,享受资金、贷款贴息等支持,获得更多的发展机会,为精准扶贫提供强大的物质支撑。

2. 构建共同富裕新机制

从平均数看,2014 年中国农民人均纯收入达到 9892 元;但从大多数看,城乡二元结构、农村二元结构突出。2014 年城乡收入比达 2.92∶1,农民收入水平虽有显著增长但结构不合理,家庭经营性收入和工资性收入分别占 40.4% 和 39.6%,转移性收入占 17.9%,而财产性收入仅占 2.1%。[①] 2014 年,中国 7017 万农村贫困人口的年人均收入还达不到 2300 元(按照 2010 年不变价计算),他们所拥有的财产性收入更是微乎其微。

资产收益扶持制度将市场机制和资本运作模式引入农村,有效整合财政资金以及村集体和农户手中分散的土地、资金、劳动力等生产要素,促使各类资本要素流动起来。对农户而言,可以从传统生产方式中解放出来,既能按照持有股份获得稳定的股份收益,由旁观者变为参与者,增强主人翁意识,又可以从事二、三产业务工经营获得工资收入;对企业、合作社、家庭农场等新型经

---

① 数据来源:根据 2015 年 1 月 20 日,时任国家统计局局长马建堂在国务院新闻办公室举行的 2014 年中国国民经济运行情况新闻发布会上的发言整理所得。

营主体而言,可以在不增加成本的情况下发展适度规模经营,实现利润最大化。从而通过体制机制创新,按照人人参与、人人尽力、人人享有的要求,集中凸显创新的激活效应,朝向共同富裕方向稳步前进。

3.激发农村发展新活力

20世纪70年代末80年代初中国农村开始实施以家庭承包经营为基础、统分结合的双层经营体制,极大地解放和发展了农村生产力,推动了农村发展。但在实践中,各地普遍出现"分"得充分,"统"得不够,主要原因在于集体经济实力薄弱,缺乏集体统一服务的物质基础。未能发挥"解决一家一户办不好或不好办的事"的职能,尤其是在资源、资金、技术、经营、品牌、劳动力、基础设施等方面"统"得不够,导致农村资源分散、资金分散、农民分散,千家万户的小规模经营难以适应农村经济规模化、组织化、市场化发展需要,难以与千变万化的大市场对接,难以享受到金融、流通、科技等社会化服务。

资产收益扶持制度可以将农户和集体拥有的土地、林地、草地、荒山、滩涂、水面、房屋、建筑物、机械设备等资源和资产股份量化后入股发展生产经营活动,能够激活农村资源要素,既能进一步发挥统分结合的双层经营体制的优越性,提高经营集约化水平、统一经营组织化程度,又能增加集体经济实力,去解决好分散的农户干不了、干不好、不愿干(干了不合算)的问题,同时赋予农民更多的财产性权利,给农民带来更多获得感,进一步解放和发展农村生产力。

(三)资产收益扶持制度的实践探索——六盘水案例

贵州省六盘水市既是贫困山区,也是少数民族聚集区,4个县(特区、区)中有2个国家级扶贫开发重点县、1个省定扶贫开发重点县,贫困人口大多分散居住在深山区、石山区,脱贫致富难度大。2014年以来,贵州省六盘水市以"资源变股权、资金变股金、农民变股东"的资产收益扶持制度有效整合各种资源要素,探索了一条通过股权化实现规模化、集约化、产业化的精准扶贫新路子。①

1. 集聚分散资金,推进资金变股金

创新模式,使分散的资金聚集起来,变资金为股金。将财政投入到村的发展类资金和各类资金,原则上转变为村集体和农民持有的资本金,投入到企业、合作社或其他经济组织,形成村集体和农户持有的股金。

一是把财政资金转变为股金。在不改变资金使用性质及用途的前提下,将财政投入到农村的生产发展类资金、农业生态修复和治理资金、扶贫开发资金、农村基础设施建设资金、支持村集体发展资金等量化为村集体和农民持有的股金,采取集中投入、产业带动、社会参与、农民受益的方式,集中入股到企业、合作社、家庭农场等经营主体,按股比分享收益,提高资金的使用效益。2014年以来,共整合农业、林业、扶贫等部门各类财政资金2.74亿元集中投入到企业、合作社、家庭农场等经营主体,79513名贫困群众受益,33768人实现脱贫。

二是以财政资金撬动各方面资金。坚持以财政资金为杠杆,撬动村集体资金、个人资金、社会资金、金融资本参与农村发展。2014年以来,全市通过财政直接投入"三变"的2.74亿元资金杠杆作用,撬动村级集体资金7081万元、农民分散资金1.17亿元、各类经营主体资金12.31亿元入股,放大了财政资金的使用效益。

三是注重资金投入的公平性、规范性和风险控制。坚持政府主导、严格把控,确保资金落实到户,确保分红公平。逐步建立完善资金投入的流程,构建入股方式、入股程序、股权管理、股金退出、风险防控等机制,保障资金安全。坚持把资金投入到符合国家产业政策、能够可持续发展的产业园区、乡村旅游、特色农业等成长性好的产业平台上,确保实现生态价值、经济价值、社会价值、旅游价值最大化。

---

① 六盘水市以"资源变股权、资金变股金、农民变股东"探索建立资产收益扶持制度的案例数据,来源于笔者2015年10月赴当地调研,同市政府有关部门座谈获得的资料。

2.盘活沉睡资源，推进资源变股权

积极推进农村产权制度改革，整合农村土地资源、森林资源、劳动力资源、旅游文化资源等，采取存量折股、增量配股、土地入股等多种形式，转换为企业、合作社或者其他经济组织的股权，推动农村资产股份化、土地股权化，盘活各种资源要素，形成资源叠加效应，提高资源利用率。

一是推进确权登记颁证工作。以"还权赋能"为核心，加快推进农村土地承包经营权、农村宅基地和集体建设用地使用权、农村集体林权、农村房屋所有权、农村小型水利工程产权等农村产权确权颁证工作。着力构建归属清晰、权责明确、保护严格、流转顺畅的农村产权体系，为农村资产收益扶持制度建立奠定基础。截止到 2015 年 9 月，已完成集体土地所有权确权登记发证面积 94.43 万公顷，宅基地使用权确权登记面积 4265.03 公顷、集体建设用地使用权确权登记面积 233.42 公顷、集体林地勘界确权面积 36.27 万公顷。

二是引导农民以土地经营权入股。在坚持农民土地集体所有性质不改变、耕地红线不突破、农民权益不受损的前提下，引导农民将已确权登记的土地承包经营权入股到企业、合作社、家庭农场等经营主体，既让经营主体在不增加成本的情况下发展适度规模经营，又让入股农户通过以承包地入股成为参与者，促进农户与经营主体"联产联业"、"联股联心"。2014 年以来，全市共有 47213 户约 17.82 万人以承包土地经营权入股企业、合作社、家庭农场等经营主体，入股入地面积 1.35 万公顷，2014 年入股农户人均增收 1128 元，预计 2015 年人均增收 1447 元。

三是积极推进集体资产入股。在对农村集体资源进行清理核实、确定核属关系的基础上，经集体经济组织全体成员同意，将集体所有的土地、林地、草地、荒山、滩涂、水面、房屋、建筑物、机械设备等资源和资产协商评估入股，使集体经济组织拥有合作社、企业、家庭农场等经营主体的股权，按比例获得收益。2014 年以来，全市共有 1.1 万公顷集体土地、0.547 万公顷"四荒地"、32.18 万平方米水面入股。通过股权收益，新增村集体经济收入 2477 万元，

消除"空壳村"413个,"空壳村"占比从2013年的53.8%下降到15.3%,计划2015年全面消除"空壳村"。

3. 拓展增收渠道,推进农民变股东

农民变股东,鼓励农民以土地承包经营权、资金等入股企业、合作社或其他经济组织,按照股份获得收益。同时将财政定向投放到贫困户的帮扶资金,转变为贫困户持股,投入到村集体领办和创办的经济组织获益。

一是政府主导农民入股实现增收。充分发挥政府主导作用,主要针对贫困户特别是那些居住在深山区、石漠化地区、不具备脱贫条件的"两无"人员(无业可扶、无力可扶),采取"个人资助、组织协助、社会帮扶"的方式,通过优先确权登记、优先财政注资、优先担保支持、优先提供贷款、优先产业覆盖、优先教育引导等"八个优先",让贫困户和贫困人口有机会、有条件入股企业、合作社、家庭农场等经营主体,在本地或异地优势产业中占有股份、获得收益、实现脱贫。同时,引导企业、合作社、家庭农场等经营主体在同等条件下,就近就地优先安排农民务工,最大程度地增加农民的工资性收入。

二是政府推动农民入股实现增收。在政府统筹规划的基础上,按照平等自愿、利益共享、风险共担的原则,鼓励和推动农民以土地、资金、技术等多种方式入股企业、合作社、家庭农场等经营主体变为股东,让农民实现就近就业,在参与规模化、组织化、市场化发展中提高土地产出率,增加农民收入。

三是政府支持农民回乡入股实现增收。通过营造"大众创业、万众创新"的良好环境,鼓励农民在资产收益扶持制度改革中创业就业,支持企业商人、返乡农民工等回乡创业就业,培育一批有文化、懂技术、有资金、会经营的农民企业家、职业农民和新型农民,带动农民群众创业就业,实现增收致富。

六盘水市资产收益扶持制度在坚持土地公有制性质不改变、耕地红线不突破、农民利益不受损的基础上,结合实际探索开展农村资金变股金、资源变股权、农民变股东的改革,通过股权化平台,构建村、企、合作社等经营主体、民互惠、工农互动、城乡一体的发展机制,拓宽了农民增收渠道,改变了农民生产生活方式,推动了扶贫方式向精准扶贫转变。

(四)建立资产收益扶持制度需要解决的关键问题

对贫困人口探索实行资产收益扶持制度,从顶层设计和实践探索两方面已初步表明有助于激发农村发展活力、增进贫困人口福祉、促进共同富裕、实现稳定脱贫。然而,资产收益扶持制度的建立是一项复杂的系统工作,涉及人地财物的重新组合与配置,面临着资源资金整合困难、政策配套尚不完善、风险防控难度大等制约因素。无论是财政扶贫资金和支农资金的使用与管理,还是农村集体产权制度、农业经营制度、农业支持保护制度、农村社会治理等方面都需要进行深层次改革。因此需要完善措施,健全机制,推进资产收益扶持制度改革向更高层次、更广范围、更深领域发展。

1.资金整合是先导

长期以来财政支农和扶贫资金使用"碎片化"问题突出,资金条块分割管理,多渠道资金的重复交叉和部门间难以协调配合,整合难度大,且单纯依靠财政资金投入资产收益扶持制度资金明显不足。因此,必须推动建立县级资金整合机制,形成"以县为主体、省级支持配合,以财政资金为主体、引导金融和社会资金参与"的资金整合机制,加快贫困人口脱贫步伐。

2.明晰产权是前提

只有构建归属清晰、权责明确、保护严格、流转顺畅的现代农村产权体系,才能为建立资产收益扶持制度奠定基础。目前中国农村确权登记颁证和清产核资工作正处在实施阶段,尚未全面完成,资源型资产、非资源型资产、经营性资产确权难度较大,农民承包土地经营权和农民住房财产权的"两权抵押"尚处于起步试点阶段,大部分区域还缺乏政策支撑和条件。因此必须加快清产核资、确权登记、资产评估等工作。

3.产业发展是关键

只有大力发展乡村特色产业、优势产业,把优势产业培育成特色品牌,夯实为农民获得可持续资产收益的产业发展才是实现精准脱贫的关键所在。一方面,打造村集体经济产业形态,培育集体资产,让集体经济成为贫困人口获得稳定收益和可持续发展的经济依靠。另一方面,必须把支持企业、合作社等新型经营主体发展与开展精准扶贫结合起来,平衡推进。按照"壮大一批、引进一批、新建一批"的思路,加大政策、资金、项目、技术等扶持力度,培育壮大龙头企业、农民合作社等经营主体,推动农村电子商务平台建设,减少流通环节成本。

4.风险防范是底线

由于农业产业前期投入大,生产周期长,受自然灾害、市场波动双重影响程度深,加之农村电子商务、物流、农业生产资料供应、农业保险等措施不配套,农业生产成本高、风险大。因此必须完善政策性保险、信用担保、财政补贴等风险防范体系,提供风险防范能力。

5.规范运作是保障

资产收益扶持制度既关系到公共资金的使用,又涉及产权制度改革和集体、个人利益,必须发挥政府引导和监管、市场主导、农民主体的作用,实现规范运作。如贵州省六盘水市按照摸资产、选产业、引企业、带农户、确对象、定资金、商股比、签合同、推项目、抓验收的改革"十步工作法"思路,构建科学合理、规范有序、于法有据、于事简便的改革流程,逐步完善政策引导、资金投入、市场营销、风险防控、农业保险等机制,稳步推进资产收益扶持制度建立。对已经实现脱贫致富的贫困人口,经村集体民主评议和公示无异议后,将退出享受分红,对于新增贫困户,则按程序吸纳为扶贫对象,享受分红。

总之,充分利用政府动员资源和市场配置资源的能力,吸引全社会力量,对农村贫困人口建立资产收益扶持制度,通过强化产业发展、风险防范、产权明晰、平台搭建、机制完善等政策支持,克服帮扶方式简单、与市场契合度不高、扶贫资金来源单一等约束条件,从而真正实现以精准扶贫促精准脱贫。

第四节　增强农村内生动能

党的十八大以来,在党中央治国理政新理念新思想新战略的框架体系中,习近平总书记高度重视农业、农村、农民工作,先后就"三农"问题发表了许多内容丰富、观点深刻的讲话和著述,指出"中国要强,农业必须强;中国要美,农村必须美;中国要富,农民必须富"[①],提出坚持创新、协调、绿色、开放、共享的新发展理念,把推进农业供给侧结构性改革作为当前和今后一个时期农业农村工作主线。习近平总书记"三农"论述进一步丰富和发展了我党关于"三农"工作的思想理论,既是对新的历史条件下"三农"问题攻坚克难的现实回应,更是缩小城乡差距、指引我国农业强、农村美、农民富新征程的重要遵循,具有鲜明的理论风格和实践特色。

一、从我国经济社会发展长远大局出发,谋划农业强、农村美、农民富新思考

改革开放以来我国农业农村发展取得了长足进步,成功实现用不到世界7%的耕地资源和6%的淡水资源养活了世界约20%的人口。进入21世纪,从2004年以来我国粮食产量实现连年增长,连续十多年的新农村建设极大改善了农村面貌,农民人均收入增速连续超过GDP和城镇居民收入增长速度,这些都为经济社会转型升级提供了有力支撑和发展底气。然而随着城镇化进程加快、中等收入阶层壮大带来的社会结构和经济结构变迁,"三农"领域许多新情况新矛盾也日益凸显,集中表现在农业缺乏国际竞争力,优质安全农产品供给不足,部分低端农产品供过于求;农村生产生活环境约束日益加剧,耕地数量减少、质量下降,地下水超采,面源污染较为严重;农民收入水平和公共服

---

① 习近平:《在中央农村工作会议上的讲话(2013年12月23日)》,见《十八大以来重要文献选编》上,中央文献出版社2014年版,第658页。

务总体仍然与城市存在较大差距,且农民收入面临增速放缓的压力。到 2012 年底,还有 9899 万贫困群众尚未脱贫。

党的十八大根据国内外形势新变化,顺应我国经济社会新发展和广大人民群众新期待,对全面建设小康社会目标进行了充实和完善,提出了更具明确政策导向、更加针对发展难题、更好顺应人民意愿的新要求。① 在深刻洞察世情、国情、社情、农情基础上,习近平总书记从我国正处于全面建成小康社会的关键阶段、迈向现代化新时期和实现中华民族伟大复兴"中国梦"的战略高度,对"三农"工作精心思考、谋篇布局,明确要求更加准确把握"三农"定位,始终重视"三农"工作,并提出在经济步入新常态,农业农村发展进入新阶段时,针对发展的现实问题和中长期转型要求推进若干具有方向性和战略性的农业农村改革工作。

立足于全面建成小康社会的第一个百年奋斗目标,从问题导向出发,习近平总书记语重心长地指出:全面建成小康社会,最艰巨最繁重的任务在农村、特别是在贫困地区。没有农村的小康,特别是没有贫困地区的小康,就没有全面建成小康社会;②"小康不小康,关键看老乡。一定要看到,农业还是'四化同步'的短腿,农村还是全面建成小康社会的短板";③2015 年 3 月 9 日他参加十二届全国人大三次会议吉林代表团审议谈到加快推进现代农业建设时进一步指出:"中国现阶段不是要不要农业的问题,而是在新形势下怎样迎难克艰、继续抓好的问题。"④

立足于基本实现现代化的第二个百年奋斗目标,以目标为导向,习近平总书记在 2013 年中央农村工作会议上高瞻远瞩地提出农业强、农村美、农民富的愿景,并指出"农业基础稳固,农村和谐稳定,农民安居乐业,整个大局就有

① 习近平:《紧紧围绕坚持和发展中国特色社会主义学习宣传贯彻党的十八大精神》,见《习近平谈治国理政》,外文出版社 2014 年版,第 12 页。
② 《习近平冒严寒看望慰问阜平困难群众　只要有信心黄土变成金》,《人民日报海外版》2012 年 12 月 31 日。
③ 习近平:《在中央农村工作会议上的讲话(2013 年 12 月 23 日)》,见《十八大以来重要文献选编》上,中央文献出版社 2014 年版,第 658 页。
④ 习近平:《不是要淡化农业,而是怎样继续抓好》,人民网,2015 年 3 月 9 日。

保障,各项工作都会比较主动";①2014 年 12 月 13 日至 14 日,他在江苏调研时第一次提出"四个全面"战略布局,同时还指出,没有农业现代化,没有农村繁荣富强,没有农民安居乐业,国家现代化是不完整、不全面、不牢固的。发达地区在这方面一定要带好头、领好向,把工业化、信息化、城镇化、农业现代化同步发展真正落到实处。②

在准确把握"三农"改革发展大局上,以实践为导向,习近平总书记坚定有力地强调重农固本,是安民之基。③ 2015 年中央农村工作会议前,他对做好"三农"工作作出重要指示,牢固树立和切实贯彻创新、协调、绿色、开放、共享的发展理念,加大强农惠农富农力度,深入推进农村各项改革;④2016 年中央农村工作会议前,他发表重要讲话,要坚持新发展理念,把推进农业供给侧结构性改革作为农业农村工作的主线,培育农业农村发展新动能,提高农业综合效益和竞争力,⑤作出以新发展理念为引领,精准发力推进农业供给侧结构性改革的科学判断和重大决策。2017 年党的十九大提出实施乡村振兴战略,强调坚持农业农村优先发展,加快推进农业农村现代化。

让农业成为有奔头的产业,让农民成为体面的职业,让农村成为安居乐业的美丽家园。⑥ 习近平总书记对于"三农"的发展殷之切切。以新发展理念推进农业供给侧结构性改革激发"三农"动能、补齐发展短板、转变发展方式、拓

---

① 习近平:《在中央农村工作会议上的讲话(2013 年 12 月 23 日)》,见《十八大以来重要文献选编》上,中央文献出版社 2014 年版,第 658 页。

② 《习近平在江苏调研时强调主动把握和积极适应经济发展新常态》,《人民日报海外版》2014 年 12 月 15 日。

③ 《中央农村工作会议在京召开　习近平对做好"三农"工作作出重要指示》,《人民日报》2015 年 12 月 26 日。

④ 《中央农村工作会议在京召开　习近平对做好"三农"工作作出重要指示》,《人民日报》2015 年 12 月 26 日。

⑤ 《中央农村工作会议在京召开　习近平对做好"三农"工作作出重要指示》,《人民日报》2016 年 12 月 21 日。

⑥ 《习近平总书记系列重要讲话读本(2016 年版)》,学习出版社、人民出版社 2016 年版,第 159 页。

展发展空间、增进农民福祉、厚植发展优势,既是协调推进"四个全面"战略布局中的重要内容和关键一环,也是新形势下"三农"自身健康发展倒逼下解决发展不平衡、不协调、不可持续问题的主动作为,更是我国"三农"领域的一场深刻变革,关系到农业农村的长远发展。可见,习近平"三农"思想是对"三农"战略任务和工作基调进行的新思考,形成的新顶层设计,描绘出中国农业强、农村美、农民富的发展新蓝图。

二、以新发展理念引领建设农村美

随着经济社会的飞速发展,我国农村社会也发生了剧烈的变化。有欣欣向荣,也有凋敝落寞,许多村落面临着现代社会的挑战,一些乡村出现空心化、老龄化和没落之势,传统村庄文化体开始瓦解,传统乡村美德受到冲击。2013年7月22日,习近平总书记在湖北考察时指出,要破除城乡二元结构,推进城乡发展一体化,把广大农村建设成农民幸福生活的美好家园。① 美好家园既需要保持整洁宜居的村容村貌,也要能够延续和呵护历史文脉与乡村文化,让居民望得见山、看得见水、记得住乡愁。②

(一)统筹城乡发展一体化,新型城镇化和新农村建设双轮驱动

早在 2004 年,时任浙江省委书记的习近平同志就提出"八八战略",③要

---

① 《深化改革要处理好 5 大关系》,《人民日报海外版》2013 年 7 月 24 日。
② 《习近平总书记系列重要讲话读本(2016 年版)》,学习出版社、人民出版社 2016 年版,第 162 页。
③ "八八战略"具体为:一、进一步发挥浙江的体制机制优势,大力推动以公有制为主体的多种所有制经济共同发展,不断完善社会主义市场经济体制。二、进一步发挥浙江的区位优势,主动接轨上海、积极参与长江三角洲地区交流与合作,不断提高对内对外开放水平。三、进一步发挥浙江的块状特色产业优势,加快先进制造业基地建设,走新型工业化道路。四、进一步发挥浙江的城乡协调发展优势,统筹城乡经济社会发展,加快推进城乡一体化。五、进一步发挥浙江的生态优势,创建生态省,打造"绿色浙江"。六、进一步发挥浙江的山海资源优势,大力发展海洋经济,推动欠发达地区跨越式发展,努力使海洋经济和欠发达地区的发展成为我省经济新的增长点。七、进一步发挥浙江的环境优势,积极推进基础设施建设,切实加强法治建设、信用建设和机关效能建设。八、进一步发挥浙江的人文优势,积极推进科教兴省、人才强省,加快建设文化大省。

求用开放视角解决农业农村问题，要"跳出农业发展农业，跳出农村发展农村"，①"正确处理城乡关系、工农关系，实现一、二、三产业协调发展和城乡共同进步，是构建现代和谐社会的重要基础，是现代化进程中最重要、最棘手的一大难题，也是关系'三农'发展能否取得成效的重大问题"。② 浙江省在全国率先出台了《统筹城乡发展推进城乡一体化纲要》，浙江的城乡协调发展程度在全国首屈一指。

党的十八大之后，习近平总书记更加注重用协调开放理念统筹"三农"工作全局。他指出，要把工业和农业、城市和乡村作为一个整体统筹谋划，促进城乡在规划布局、要素配置、产业发展、公共服务、生态保护等方面相互融合和共同发展。③ 2015 年 5 月 25 日至 27 日，习近平总书记在浙江考察时再次强调，提高城乡发展一体化水平，要把解放和发展农村社会生产力、改善和提高广大农民群众生活水平作为根本的政策取向，加快形成以工促农、以城带乡、工农互惠、城乡一体的工农城乡关系。④

党的十八大以来，在城乡开放战略带动下，新型城镇化和新农村建设互惠一体、双轮驱动，城乡协调发展战略越发明晰。2016 年，我国城镇化率从 1978 年的 17.9% 提升到 57.35%，城镇常住人口达到 7.93 亿，⑤"乡土中国"向"城乡中国"的转型越发明显。"三个 1 亿人"城镇化目标加快实现，中国特色新型城镇化建设不断向纵深挺进。一方面，习近平总书记要求持续推进新型城镇化，他在 2015 年 2 月 10 日主持召开中央财经领导小组第九次会议时要求，

---

① 董少鹏：《"八八战略"从头越——专访浙江省委书记习近平》，人民网，2006 年 2 月 9 日。

② 习近平：《务必统筹城乡兴"三农"》，见《之江新语》，浙江人民出版社 2007 年版，第 103 页。

③《习近平总书记系列重要讲话读本（2016 年版）》，学习出版社、人民出版社 2016 年版，第 160 页。

④《干在实处永无止境　走在前列要谋新篇》，《人民日报》2015 年 5 月 28 日。

⑤ 国家统计局：《2016 年国民经济实现"十三五"良好开局》，国家统计局，2017 年 1 月 20 日。

推进城镇化首要任务是促进有能力在城镇稳定就业和生活的常住人口有序实现市民化。① 他还强调,要加快推进户籍制度改革,完善城乡劳动者平等就业制度,逐步让农业转移人口在城镇进得来、住得下、融得进、能就业、可创业,维护好农民工合法权益,保障城乡劳动者平等就业权利。② 同年12月,在中央经济工作会议上他指出"推进城镇化,要更加注重以人为核心。……这也是缩小城乡差距、改变城乡二元结构、推进农业现代化的根本之策"。③ 另一方面,推进城镇化不是搞成城乡一律化,习近平总书记2013年7月在湖北考察工作时就指出,即使将来城镇化率达到70%以上,还有四亿人至五亿人在农村,④要提高社会主义新农村建设水平,让农业农村成为可以进一步大有作为的广阔天地。⑤

在推进新农村建设中,要坚持以改革为动力,完善规划体制,通盘考虑城乡发展规划编制,一体设计,多规合一,切实解决规划上城乡脱节、重城市轻农村的问题。坚持把国家基础设施和社会事业的重点放在农村,加大中央和地方财政政策投入,积极引导社会资本参与补齐农村发展短板,逐步实现城乡基本公共服务均等化、城乡要素双向合理流动以及城乡产业融合发展,不断缩小城乡差距,破解城乡二元结构。

(二)建设美丽乡村,留住青山绿水和文化乡愁

"农村不能成为荒芜的农村、留守的农村、记忆中的故园。"⑥习近平总书

---

① 《真抓实干主动作为形成合力确保中央重大经济决策落地见效》,《人民日报》2015年2月11日。
② 《让农民共享改革发展成果》,《人民日报海外版》2015年5月2日。
③ 习近平:《围绕贯彻党的十八届五中全会精神做好当前经济工作》,《习近平总书记重要讲话文章选编》,中央文献出版社、党建读物出版社2016年版,第308页。
④ 《习近平农村绝不能成为荒芜的农村》,新华网,2013年7月22日。
⑤ 《习近平春节前夕赴江西看望慰问广大干部群众 祝全国各族人民健康快乐吉祥祝改革发展人民生活蒸蒸日上》,《人民日报》2016年2月4日。
⑥ 习近平:《在中央农村工作会议上的讲话(2013年12月23日)》,见《十八大以来重要文献选编》上,中央文献出版社2014年版,第682页。

记在青山绿水和乡愁的关系中阐述绿色发展理念,指出,我们既要绿水青山,也要金山银山。宁要绿水青山,不要金山银山,而且绿水青山就是金山银山。① 2015 年 1 月 20 日,他在云南大理湾桥镇古生村考察时指出,新农村建设一定要走符合农村实际的路子,遵循乡村自身发展规律,充分体现农村特点,注意乡土味道,保留乡村风貌,留得住青山绿水,记得住乡愁。②

从生态文明建设的高度,以系统工程思路抓生态建设。习近平总书记提出,要加大农村环境突出问题综合治理力度,加大退耕还林还湖还草力度。③将山水林田湖作为生命共同体,按照系统工程的思路,抓好生态文明建设重点任务的落实,切实把能源资源保障好,把环境污染治理好,把生态环境建设好,为人民群众创造良好生产生活环境。④

以美丽乡村建设为抓手,切实改善农村人居环境。习近平同志在浙江工作时推动的"千村示范、万村整治"工作揭开了美丽乡村建设的瑰丽篇章,并被许多农民表示,是继土地改革、家庭承包、税费改革后,党和政府为农民办的一件最大好事。⑤ 到中央工作以后,习近平强调要认真总结浙江省开展"千村示范、万村整治"工程的经验并加以推广。要求各地开展新农村建设,应坚持因地制宜、分类指导,规划先行、完善机制,突出重点、统筹协调,通过长期艰苦努力,全面改善农村生产生活条件。他强调推进农村人居环境整治,要继续推进社会主义新农村建设,为农民建设幸福家园和美丽乡村。⑥ 2014 年 12 月

---

① 《习近平总书记系列重要讲话读本(2016 年版)》,学习出版社、人民出版社 2016 年版,第 230 页。

② 《习近平在云南考察工作时强调 坚决打好扶贫开发攻坚战加快民族地区经济社会发展》,《人民日报》2015 年 1 月 22 日。

③ 《中央经济工作会议在北京举行 习近平李克强作重要讲话》,《人民日报》2016 年 12 月 17 日。

④ 《习近平总书记系列重要讲话读本(2016 年版)》,学习出版社、人民出版社 2016 年版,第 236 页。

⑤ 习近平:《干在实处,走在前列》,见《习近平谈治国理政》,外文出版社 2014 年版,第 439 页。

⑥ 习近平:《在中央农村工作会议上的讲话(2013 年 12 月 23 日)》,见《十八大以来重要文献选编》上,中央文献出版社 2014 年版,第 682 页。

13 日,习近平总书记在与江苏镇江永茂圩自然村村民交流时讲到,厕改是改善农村卫生条件、提高群众生活质量的一项重要工作,在新农村建设中具有标志性,可以说小厕所、大民生,[①]将民生关切深深融入美丽乡村发展中。

不搞大拆大建,保留村庄风貌。2013 年 7 月,习近平总书记在城乡一体化试点的湖北鄂州长港镇峒山村考察时表示,实现城乡一体化,建设美丽乡村,是要给乡亲们造福,不要把钱花在不必要的事情上,比如说"涂脂抹粉",房子外面刷层白灰,一白遮百丑。不能大拆大建,特别是古村落要保护好。[②]在促进城乡一体化发展中,要注意保留村庄原始风貌,尽可能在原有村庄形态上改善居民生活条件。"搞农村建设,决不是要把这些乡情乡景都弄没了,而是要让它们与现代生活融为一体,所以我说要慎砍树、禁挖山、不填湖、少拆房。"[③]

此外,加强农村社会管理,化解农村社会矛盾,重视空心村和"三留守"问题。2015 年 4 月 30 日,习近平总书记在中共中央政治局第二十二次集体学习时讲话指出,要推动形成城乡基本公共服务均等化体制机制,特别是要加强农村留守儿童、妇女、老人关爱服务体系建设。[④] 根据乡村自身发展规律,注重补农村短板,扬农村长处,加强基层党的建设和政权建设,增强集体经济组织服务功能,提高基层组织凝聚力和带动力,提升乡村治理水平。

未来,"城市让生活更美好,乡村让人们更向往"将是城乡发展一体化"美美与共"的最佳写照。

三、以新发展理念引领促进农民富

2016 年中央一号文件要求,到 2020 年,农民生活达到全面小康水平,农

---

① 《习近平总书记关心农村厕改》,央广网,2014 年 12 月 14 日。
② 《习近平建设美丽乡村不是"涂脂抹粉"》,新华网,2013 年 7 月 22 日。
③ 习近平:《在中央农村工作会议上的讲话(2013 年 12 月 23 日)》,见《十八大以来重要文献选编》上,中央文献出版社 2014 年版,第 683 页。
④ 《让农民共享改革发展成果》,《人民日报海外版》2015 年 5 月 2 日。

村居民人均收入比 2010 年翻一番,城乡居民收入差距继续缩小;中国现行标准下农村贫困人口实现脱贫,贫困县全部摘帽,解决区域性整体贫困。

农村要发展,根本要依靠亿万农民。习近平总书记强调"农村经济社会发展,说到底,关键在人;要通过富裕农民、提高农民、扶持农民,让农业经营有效益,让农业成为有奔头的产业,让农民成为体面的职业"。① 要充分发挥亿万农民主体作用和首创精神,让广大农民平等参与改革发展进程、共同享受改革发展成果。②

(一)增加农民收入,让农民过上幸福美满的日子

习近平总书记指出,要更加重视促进农民增收,让广大农民都过上幸福美满的好日子,一个都不能少,一户都不能落。③ 要大力促进农民增加收入,不要平均数掩盖了大多数,要看大多数农民收入水平是否得到提高。④

在富裕农民上,广辟农民增收门路,提高农民收入和生活水平。习近平总书记强调,增加农民收入,要构建长效政策机制,通过发展农村经济、组织农民外出务工经商、增加农民财产性收入等多种途径,不断缩小城乡居民收入差距,让广大农民尽快富裕起来。⑤ 为此,既要帮助农民获取非农收入,又要不断挖掘农业农村内部增收潜能。中央提出要深化农村集体产权制度改革,激活农村各类要素潜能,赋予农民更多财产权利;加快建立现代农业产业体系,加快发展农产品经营和农产品电商联合配送等现代农产品流动方式,拓展和开发农业的生态、休闲文化等多种功能,延伸农业产业链、价值链,促进一、二、

---

① 《习近平总书记系列重要讲话读本(2016 年版)》,学习出版社、人民出版社 2016 年版,第 159 页。
② 《让农民共享改革发展成果》,《人民日报海外版》2015 年 5 月 2 日。
③ 《习近平在江苏调研》,人民网,2014 年 12 月 14 日。
④ 《习近平不要平均数掩盖了大多数》,新华网,2013 年 11 月 28 日。
⑤ 《习近平在农村改革座谈会上强调 放活土地经营权要把选择权交给农民》,《新华日报》2016 年 4 月 29 日。

三产业交叉融合,创新农业产业链组织形式和利益联结机制,让农民更多地分享产业链增值收益。

在提高农民上,习近平总书记指出"'谁来种地'这个问题,说到底,是愿不愿意种地、会不会种地、什么人来种地、怎样种地的问题"。① 因此,要适应农村劳动力状况和资源配置新变化新趋势,适应建设现代农业新要求,积极培育新型职业农民,吸引大批青壮年留在农村,培育一大批种田能手、农机作业能手、科技带头人、农产品营销人才、农业经营管理人才,确保现代农业发展后继有人;要以解决好地怎么种为导向,加快构建新型农业经营体系;要切实办好农村义务教育,让农村下一代掌握更多知识和技能。

在扶持农民上,强化政府对农业的支持保护,提高农民生产积极性。2016年4月25日,习近平总书记在安徽凤阳县小岗村主持召开农村改革座谈会,他强调在政策上,要考虑如何提高粮食生产效益、增加农民种粮收入,实现农民生产粮食和增加收入齐头并进,不让种粮农民在经济上吃亏,不让种粮大县在财政上吃亏。② 农业是弱势产业,面临自然灾害和市场波动的双重风险,近年来,我国农业补贴制度得到广大农民的衷心拥护,今后要继续改革和完善农业支持保护制度,坚持多予少取放活的基本方针,确保投入只增不减,提高农业支持保护效能,由黄箱政策向绿箱政策转变,加快形成覆盖全面、指向明确、重点突出、措施配套、操作简便的农业支持保护制度体系。在总量不断扩大基础上,让新增补贴重点向种粮大户、家庭农场、农民合作社等新型经营主体倾斜,向绿色农业倾斜;建立粮食主产区利益补偿机制,给粮食主产区的种粮农民吃上长效定心丸。

---

① 习近平:《在中央农村工作会议上的讲话(2013年12月23日)》,见《十八大以来重要文献选编》上,中央文献出版社2014年版,第678页。

② 《习近平在农村改革座谈会上强调　放活土地经营权要把选择权交给农民》,《新华日报》2016年4月29日,第1版。

（二）实施精准扶贫,推进全面小康"最后一公里"

习近平总书记指出,消除贫困、改善民生、实现共同富裕,是社会主义的本质要求。[1] 改革开放以来我国农村贫困人口从 1978 年的 7.7 亿人,减少到 2012 年底的 9899 万人(按照农村扶贫标准年人均纯收入 2300 元计),贫困发生率下降到 10.2%,[2]但越往后减贫形势越严峻。让困难群众同步实现小康,不仅是全面建成小康社会中的经济问题,更是重大的政治问题和社会问题。20 世纪 60 年代末习近平在陕北农村梁家河由下放知识青年成长为大队书记,就立下改善当地贫困群众生活条件的坚定决心,带领村民走上脱贫之路;20 世纪 80 年代他担任河北正定县委书记时"看到老百姓生活比较贫困、经济社会发展水平比较落后的情形,心里很着急,的确有一股激情、一种志向,想尽快改变这种面貌",带领群众奋力甩掉"高产穷县"的帽子;20 世纪 80 年代末 90 年代初他担任福建宁德地委书记期间,著写《摆脱贫困》提出"摆脱意识和思路的'贫困'",实现离任时全区 94% 的贫困户基本解决温饱问题;他担任福建和浙江省领导时着力加强东西部对口协作扶贫;担任总书记后他掷地有声提出全国脱贫攻坚的目标任务。党的十八大以来,习近平总书记走遍全国 14 个集中连片贫困区域,国内考察半数以上涉及扶贫开发,精准扶贫、精准脱贫重要思想就是他多年来扶贫实践的经验总结和理论升华。

首先,明确打好脱贫攻坚战。习近平总书记指出,扶贫开发到了攻克最后堡垒的阶段,所面对的多数是贫中之贫、困中之困,需要以更大的决心、更明确的思路、更精准的举措抓工作。要坚持时间服从质量,科学确定脱贫时间,不搞层层加码。要真扶贫、扶真贫、真脱贫,[3]要实现 2020 年全面小康的目标,

---

① 《习近平谈治国理政》,外文出版社 2014 年版,第 189 页。
② 国家统计局:《2012 年国民经济和社会发展统计公报》,国家统计局,2013 年 2 月 22 日。
③ 《习近平在东西部扶贫协作座谈会上强调　认清形势聚焦精准深化帮扶确保实效　切实做好新形势下东西部扶贫协作工作》,《人民日报》2016 年 7 月 22 日。

意味着从 2015 年起平均每年要减贫 1000 万人以上。因此,脱贫攻坚任务重的地区党委和政府要把脱贫攻坚作为"十三五"期间头等大事和第一民生工程来抓,坚持以脱贫攻坚统揽经济社会发展全局。①

其次,以精准扶贫、精准脱贫为基本方略。2013 年 11 月,习近平总书记到湖南湘西考察时作出"实事求是、因地制宜、分类指导、精准扶贫"的重要指示,首次提出"精准扶贫"的重要思想。这是根据我国扶贫形势转变而作出的战略调整。② 2015 年 6 月 18 日,他在贵州考察时召开部分省区市党委主要负责同志座谈会,提出扶贫开发要实现"六个精准",即:扶贫开发贵在精准,重在精准,成败之举在于精准。各地都要在扶持对象精准、项目安排精准、资金使用精准、措施到户精准、因村派人(第一书记)精准、脱贫成效精准上想办法、出实招、见真效。要坚持因人因地施策,因贫困原因施策,因贫困类型施策,区别不同情况,做到对症下药、精准滴灌、靶向治疗,不搞大水漫灌、走马观花、大而化之。③ 习近平总书记将"精准"作为扶贫脱贫的关键词,将扶贫脱贫对象由区域转到贫困家庭和贫困人口,要求扶到点上,扶到根上。④

再次,创新扶贫方式和体制机制,形成大扶贫格局。2016 年 7 月 18 日至20 日,习近平总书记在宁夏考察时指出,东西部扶贫协作是加快西部地区贫困地区脱贫进程、缩小东西部发展差距的重大举措,必须长期坚持并加大力度。要鼓励支持更多企业参与西部地区脱贫攻坚工程。⑤ 扶贫开发是全党全

---

① 《习近平在中央扶贫开发工作会议上强调 脱贫攻坚战冲锋号已经吹响 全党全国咬定目标苦干实干》,《人民日报》2015 年 11 月 29 日。

② 20 世纪 80 年代中期,国家扶贫主要针对县级贫困区域;2001 年国家重点扶贫对象转向15 万个村级贫困区域,实施整村推进扶贫;2011 年国家划定了 14 个集中连片特困地区进行重点扶贫,以区域为对象推进扶贫工作。

③ 《习近平在部分省区市党委主要负责同志座谈会上强调 谋划好"十三五"时期扶贫开发工作 确保农村贫困人口到 2020 年如期脱贫》,《人民日报》2015 年 6 月 20 日。

④ 《习近平在重庆调研时强调 落实创新协调绿色开放共享发展理念 确保如期实现全面建成小康社会目标》,《人民日报》2016 年 1 月 7 日。

⑤ 《习近平在宁夏考察时强调 解放思想真抓实干奋力前进 确保与全国同步建成全面小康社会》,《人民日报》2016 年 7 月 21 日。

社会的共同责任,要发挥政府、市场和社会多方扶贫合力,要动员和凝聚全社会力量广泛参与。要坚持专项扶贫、行业扶贫、社会扶贫等多方力量、多种举措有机结合和互为支撑的"三位一体"大扶贫格局,健全东西部协作、党政机关定点扶贫机制,广泛调动社会各界参与扶贫开发积极性。要加大中央和省级财政扶贫投入,坚持政府投入在扶贫开发中的主体和主导作用,增加金融资金对扶贫开发的投放,吸引社会资金参与扶贫开发。要积极开辟扶贫开发新的资金渠道,多渠道增加扶贫开发资金。①

最后,以扶贫对象能力提高为中心,增强脱贫内生动力。通过产业扶贫、教育扶贫、公共服务保障提升扶贫对象的内生动能。2013 年 11 月 26 日,习近平总书记在山东菏泽考察时指出,抓扶贫开发,要紧紧扭住增加农民收入这个中心任务、健全农村基本公共服务体系这个基本保障、提高农村义务教育水平这个治本之策,突出重点,上下联动,综合施策。② 2016 年 7 月 18 日至 20 日,他在宁夏考察时讲到,好日子是通过辛勤劳动得到的。发展产业是实现脱贫的根本之策。要因地制宜,把培育产业作为推动脱贫攻坚的根本出路。③ 2015 年 9 月 9 日,习近平总书记给"国培计划(2014)"北师大贵州研修班参训教师的回信写道,扶贫必扶智。让贫困地区的孩子们接受良好教育,是扶贫开发的重要任务,也是阻断贫困代际传递的重要途径。④ 2014 年 9 月 28 日,他在中央民族工作会议上强调,扶贫既要输血更要造血,要坚持输血和造血相结合,坚持民族和区域相统筹,重在培育自我发展能力,重在促进贫困区域内各民族共同发展。

---

① 《习近平在部分省区市党委主要负责同志座谈会上强调　谋划好"十三五"时期扶贫开发工作　确保农村贫困人口到 2020 年如期脱贫》,《人民日报》2015 年 6 月 20 日。

② 《习近平考察山东谈全面深化改革一分部署九分落实》,《人民日报海外版》2013 年 11 月 29 日。

③ 《习近平在宁夏考察时强调　解放思想真抓实干奋力前进　确保与全国同步建成全面小康社会》,《人民日报》2016 年 7 月 21 日。

④ 《习近平给"国培计划(二〇一四)"北师大贵州研修班参训教师回信》,《人民日报》2015 年 9 月 10 日。

因此,增加农民收入,让几千万贫困人口如期脱贫,不仅是全面建成小康社会的紧迫要求,更是被习近平总书记作为"头等大事和第一民生工程",体现发展为了人民、发展依靠人民、发展成果由人民共享的新发展理念,更是党全心全意为人民服务的宗旨及初心所系。

四、以人民为中心,加强党的领导是实现农业强、农村美、农民富的根本保障

习近平总书记鲜明提出"坚持以人民为中心的发展思想",使强农惠农政策照顾到大多数普通农户;要坚持群众路线,尊重基层创造,营造改革良好氛围;强调务必加强农村基层党组织建设,加强党对"三农"工作的领导,在从严治党中真抓实干、求真务实。

立党为公、执政为民是党的根本宗旨,人民立场是党的根本政治立场。以习近平同志为核心的党中央始终把人民放在心中最高位置。他在十八大一次会议闭幕后作为中共中央总书记与中外记者的首次见面会中就 19 次提到"人民","人民对美好生活的向往,就是我们的奋斗目标。"他多次谈到治政之要在于安民,安民之道在于察其疾苦。2014 年 1 月 26 日,习近平总书记在内蒙古兴安盟阿尔山市伊尔施镇考察时指出:"我们党员干部都要有这样一个意识:只要还有一家一户乃至一个人没有解决基本生活问题,我们就不能安之若素;只要群众对幸福生活的憧憬还没有变成现实,我们就要毫不懈怠团结带领群众一起奋斗。"①2015 年 10 月 16 日,他出席减贫与发展高层论坛并发表主旨演讲时说:"到乡亲们家中,同他们聊天。他们的生活存在困难,我感到揪心。他们生活每好一点,我都感到高兴。"②在中国共产党成立九十五周年

---

① 《赴内蒙古调研看望慰问各族干部群众　习近平向全国各族人民祝福新春》,《人民日报海外版》2014 年 1 月 30 日。

② 习近平:《携手消除贫困促进共同发展——在 2015 减贫与发展高层论坛上的主旨演讲(2015 年 10 月 16 日)》,《人民日报》2015 年 10 月 17 日。

纪念大会的讲话中,习近平总书记以"不忘初心、继续前进"为题再次强调"坚持以人民为中心的发展思想"。历史事实告诉我们,什么时候我们党把农民问题解决得好,什么时候农业和农村工作抓得紧,革命、建设、改革就顺利进行、蓬勃发展。因此,2015 年 7 月 16 日至 18 日,习近平总书记在吉林考察时谆谆告诫,任何时候都不能忽视农业、不能忘记农民、不能淡漠农村,必须始终坚持强农惠农富农政策不减弱,推进农村全面小康不松劲,在认识的高度、重视的程度、投入的力度上保持好势头。① 十八大以来的五年间,习近平总书记每次到地方考察都深入农村调研,体察民情、问计于民。在每年年底召开中央农村工作会议前期,他都会主持召开中央政治局常委会会议,专门研究"三农"工作并做重要讲话,持续强化重农强农信号。

一切为了人民,这是逻辑起点和落脚点,也是推进"三农"改革理论创新的价值基点。2015 年 6 月 16 日,习近平总书记在贵州遵义县枫香镇花茂村考察时说,党中央的政策好不好,要看乡亲们是笑还是哭。如果乡亲们笑,就是好政策,要坚持;如果有人哭,说明政策还要完善和调整。② 他是这样说,也是这样做的。他强调要尊重农民意愿和维护农民权益,把选择权交给农民,由农民选择而不是代替农民选择,可以示范和引导,但不搞强迫命令、不刮风、不一刀切。③

和中国所有的事业一样,加强党的领导、强化党的建设是农业强农村美农民富取得成功的根本保障,也是所有问题的核心。党的各项方针政策要真正落实到千家万户,必须抓好基层、牢固基础。习近平同志在浙江省工作期间就指出"求真务实是马克思主义者必须一以贯之的科学精神和工作作风。搞好

---

① 《习近平在吉林调研时强调 保持战略定力增强发展自信 坚持变中求新变中求进变中突破》,《人民日报》2015 年 7 月 19 日。
② 《习近平在贵州调研时强调 看清形势适应趋势发挥优势 善于运用辩证思维谋划发展》,《人民日报》2015 年 6 月 19 日。
③ 《习近平在农村改革座谈会上强调 放活土地经营权要把选择权交给农民》,《新华日报》2016 年 4 月 29 日。

新时期新阶段的'三农'工作,更需要我们保持和发扬求真务实的精神"。①

对于各级党委和领导干部,习近平总书记指出,党管农村工作是我们的传统。各级党委要加强对"三农"工作的领导,各级领导干部都要重视"三农"工作,多到农村去走一走、多到农民家里去看一看,真正了解农民诉求和期盼,真心实意帮助农民解决生产生活中的实际问题。"各级领导干部特别是以农业为主产业的市县乡镇干部,要熟悉农业、了解农业,农作物的种类和品质、节气、农业科技等方面的基本知识还是要懂的,不懂要抓紧补课。"②对于党执政兴国的"一线总指挥"县委书记们,曾经同样有过县委书记任职经历的习近平总书记指出"县委书记是直接面对基层群众的领导干部,必须心系群众、为民造福";③"干事创业一定要树立正确政绩观,做到'民之所好好之,民之所恶恶之',求真务实、真抓实干";④对定下来的工作部署,要一抓到底、善始善终。……推动新型工业化、信息化、城镇化、农业现代化同步发展。⑤ 对于党的基层干部,习近平总书记在 2016 年 2 月 19 日到新华社同河南兰考县谷营镇爪营四村进行基层干部作风调查的记者视频连线时强调,基层干部作风事关巩固党的执政基础,事关人民群众切身利益。⑥ 要造就一支过硬的"三农"干部队伍,多为群众办实事,办好事,不断提升工作水平。

做好"三农"工作关键在农村基层党组织。要加强农村基层党组织建设,推动全面从严治党向基层延伸。党的十八大以来,习近平总书记就大抓基层、

---

① 习近平:《务必求真务实抓"三农"》,见《之江新语》,浙江人民出版社 2007 年版,第 107 页。
② 习近平:《在中央农村工作会议上的讲话(2013 年 12 月 23 日)》,见《十八大以来重要文献选编》上,中央文献出版社 2014 年版,第 686 页。
③ 习近平:《做焦裕禄式的县委书记》,见《习近平总书记重要讲话文章选编》,中央文献出版社、党建读物出版社 2016 年版,第 243 页。
④ 习近平:《做焦裕禄式的县委书记》,见《习近平总书记重要讲话文章选编》,中央文献出版社、党建读物出版社 2016 年版,第 243 页。
⑤ 习近平:《做焦裕禄式的县委书记》,见《习近平总书记重要讲话文章选编》,中央文献出版社、党建读物出版社 2016 年版,第 245—246 页。
⑥ 《总书记连线新华社记者,点题基层干部作风建设调研》,新华网,2016 年 2 月 19 日。

推动基层建设全面进步、全面过硬和精准扶贫、精准脱贫等做出重要指示，各地选派驻村工作队和"第一书记"到扶贫一线，建强基层组织、推动精准扶贫、为民办事服务、加强思想引领、提升治理水平，不断增强农村基层服务型党组织的创造力、凝聚力、战斗力，为推进"三农"强美富提供有力的政治保障和组织保障。

第五章　案例研究

第一节　长三角地区城乡基本
公共服务均等化实践

一、浙江绍兴：均衡发展——基于 2013 年的调查

（一）绍兴市城乡基本公共服务体系建设基本情况

从 2008 年开始,绍兴市开展了一轮城乡基本公共服务均等化的五年行动计划,绍兴县成为浙江省的三大联系点之一。近年来,绍兴市按照"稳中求进、致力惠民、积极有为"的工作基调,以"改善民生、服务社会"为主线,突出重点,统筹推进,在实现经济持续发展的同时,各项社会事业蓬勃发展,社会更加和谐。根据浙江省发展和改革委员会、省统计局 2012 年发布的全省社会发展水平综合评价结果显示,绍兴市社会发展水平为 107.42,属高于全省社会发展水平地区,在全省 11 个设区市中继续居第 4 位。

1. 实施教育公平工程,让适龄孩子学有所教

学前三年入园率 99.04%;九年义务教育学龄人口入学率、巩固率均为 100%;初中毕业生升入高中段比例达 99.18%,是全省教育普及度最高的地区之一;盲、聋哑、弱智"三残"儿少入学率 100%;职业教育国家级改革发展示范

校 4 所,省首批改革发展示范校 3 所,分列全省第一、第二;高等教育毛入学率达 50%,实现普及化。

2. 实施全民健康工程,让城乡居民病有所医

全市所有县(市)已经全面实施公立医院改革;2012 年 9 月 12 日,在全省范围内率先实施以"药品零差率"为核心的市级公立医院综合改革试点;所有市级医院均晋级三甲,除嵊州外,其他县(市)均有 2 家以上三级医院,在全省率先实现县(市)三乙医院全覆盖;卫生信息化"一卡通"覆盖全市 955 家医疗机构,实现居民诊疗记录市内调阅和健康信息全市共享;社区卫生服务中心(乡镇卫生院)标准化建设率达到 100%,基本实现"15—20 分钟"医疗卫生服务圈全覆盖;925 家村卫生室和所有的市、县级公立医院所有药品实施零差率销售,成为全省第一个在市级公立医院实行药品零差率的地市;建立起城乡一体的居民医保制度,取消户籍界限,城乡居民实现统一的缴费标准和统一的医疗待遇,真正实现城乡统筹。

3. 实施文体普及工程,让全市人民闲有所乐

全市 118 个乡镇(街道)全部建成综合文化站;全市 2660 个行政村(社区)基本建成了综合文化活动中心(室),90%以上的行政村(社区)有 100 平方米及以上的文化活动中心(室);推出了"文化大巴"、"图书大巴"、"电影惠民专场"等一批流动性文化惠民品牌,文化下乡逐渐由单向的"送温暖"变成基层群众广泛参与,百姓自编自演、自娱自乐的文化大餐;社区 5 分钟健身圈基本建成;人均体育场地面积已经达到 1.6 平方米以上,体育人口达到 35%以上、国民体质合格率为 89.9%。

4. 实施就业促进工程,让劳动者劳有所得

针对高校毕业生、农村转移劳动力、城镇失业人员和退役士兵等不同对象举办各类专场招聘会;研究出台《绍兴市关于进一步促进以创业带动就业的实施意见》及相关配套政策,全面做好创业带动就业工作;通过职业培训、职业介绍、重点帮扶、结对援助等措施,帮助就业困难人员实现再就业,基本消除了城乡零就业家庭。2012年全市城镇新增就业人数10.95万人,完成全年目标任务的137%,帮助失业人员实现再就业3.82万人,完成目标任务的136%;城镇登记失业率为2.99%。

5.实施社会保障工程,让老年居民老有所养

以"扩面提质"为目标,推动社会保险由制度全覆盖向人群全覆盖转变,社保待遇水平进一步提升。2012年全市职工基本养老保险和城乡居民社会养老保险总参保人数达到314.33万人,完成全年目标任务的121.20%。城乡居家养老服务网初步建立,建成城市社区居家养老服务中心(站)134个,建成农村"星光老年之家"2100多个,基本实现了行政村全覆盖,每百名老人拥有床位已由2011年的2.7张提高到3.02张。

6.实施惠民安居工程,让住房困难家庭住有所居

围绕开展"阳光工程"建设,着力抓要素保障、探索创新,全市累计实际开工保障性安居工程17460套(户),完成计划的124.3%(其中公共租赁住房6505套,完成计划的107.9%);新增城市廉租住房保障474户(其中租赁补贴362户,完成计划的278.5%);基本建成保障性安居工程住房6277套,完成计划的108.2%(其中竣工5893套,完成计划的116.8%)。

7.实施社会福利工程,让困难群众难有所助

在全省率先出台了城乡居民大病保险制度,并成为省唯一一个试点城市。实施低保提标扩面工作,城乡低保标准位居全省第三,城镇低保标准平均达到468元(其中市本级为470元),农村平均达到357元(其中市本级为370元)。健全救助管理机制,实现救助服务全覆盖。

(二)城乡基本公共服务体系建设实践的主要经验

近年来,绍兴市针对社会转型期的特点,积极探索创新基本公共服务体系建设,取得了不少宝贵的经验。

1.制定出台绍兴市基本公共服务均等化五年行动计划成为推进基本公共服务体系建设的有利契机

根据浙江省基本公共服务均等化行动计划和绍兴市的实际情况,从 2008 年开始,绍兴市由发改委牵头制定全市基本公共服务均等化 2008—2012 年行动计划,在充分征求市级 25 个部门意见基础上,经过几轮修改,于 2009 年初经市政府常务会议审议通过后发布实施,计划通过五年的努力,实现三个方面 14 项基本目标,全市的基本公共服务体系建设有计划地全面开展。

2.缩小城乡差距提升流动人口服务水平成为推进基本公共服务体系建设的重点内容

加快农村发展和提升流动人口服务,是实现城乡统筹发展、加快经济发展转变的内在要求,也是基本公共服务体系建设的一个重要内容。

一是农村经济快速发展。2012 年全市农村居民人均纯收入 17706 元,五年来年均增长 12.7%;城乡居民收入之比五年来从 2.26 倍下降到 2.08 倍;农村居民家庭恩格尔系数 37.7%,五年来下降 0.5 个百分点。

二是农村公共基础设施建设力度不断加大。"百村小康示范、千村环境整治"成效显著,全市村庄生活垃圾集中收集处理实现全覆盖,村庄整治基本实现全覆盖。城市基础设施和公共服务加快向农村延伸,建成电气化村 1800 多个、信息化村 600 多个,实现行政村公交"村村到"、有线电视"村村通",乡镇连锁超市、行政村食品安全放心店实现全覆盖。全面完成全市 2240 个村邮站和 11.5 万只信报箱建设任务。

三是农村社会事业建设积极推进。落实"三个倾斜",加快推进"五个一体化"。即在优惠政策、经费投入、优质师资上向农村倾斜的力度,大力推进城乡教育管理体制、经费保障水平、办学条件、师资水平、办学质量的一体化;积极推进城乡教育共同体建设,探索实践镇域一体化、名校集团化、结对帮扶制度化、名师资源共享化的发展格局,全市已组建 14 个教育集团。全市共化解义务教育债务 4.26 亿元,率先在全省实现"零债务",城乡教育均衡指数走在全省前列;对全市城乡义务教育阶段中小学生,免费提供教科书及辅助教学资源;低收入农户子女普遍接受免费高中段教育。建立城乡一体的居民医保制度,新型农村合作医疗筹资标准提高到534元。在全省率先市县联动推进公立医院综合改革,创建成为全省唯一的国家基本公共卫生服务项目示范点,实现城乡居民健康服务全市"一卡通"。

四是对流动人口落实市民化的服务管理。符合条件的外来民工子女实现100%入学,完善"入学绿卡"制度,实行"一卡通"政策,全市义务教育段接纳进城务工人员子女9.82万人,占在校生总数的22.4%,其中公办学校就读9.27万人,比例达94.4%,对符合条件的外来民工子女,免费提供教科书及辅助教学资源,免除符合条件的外来民工子女义务教育借读费,确保外来务工人员子女享受同城待遇。在全省率先开展创建流动人口计划生育规范化服务中心活动,努力打造一批为流动人口提供基础管理、宣传教育、孕环检查、药具发放、信息交换等五位一体、优质便捷的平台,到2012年底,全市已初步建成流动人口计划生育规范化服务中心11个。积极开展流动人口均等化服务示范县创建活动和"六进门"服务活动,落实流动人口公共服务均等化"八免四补"政策,深入开展流动人口关怀关爱活动。通过实施社会保险"五险"合征的征缴模式,提高流动人口参加养老、医疗、失业、工伤和生育保险比例。通过加大公共租赁住房配租、鼓励企业参建公租房和建设职工集中公寓等途径,逐步解决流动人口居住。

3.加大公共财政的支持力度成为推进基本公共服务体系建设的核心保障

紧紧围绕市政府十大民生实事工程和基本公共服务均等化行动计划,加大财政公共民生投入,2010年全市财政支出222.03亿元,其中用于民生147.57亿元,民生支出占财政总支出69.6%,增长27.2%;2011年全市公共财政民生投入179.3亿元,增长21.6%,人均民生支出为3730元,全市民生支出占财政支出的比重70.8%;2012年全市及市本级民生支出分别达200.4亿元和43.3亿元,占同口径公共财政预算支出的71.9%和70.6%,达到并超过公共财政预算支出和新增支出三分之二以上用于民生的目标。进一步健全教育、文化、卫生等社会事业多元化投入发展机制,引导鼓励民间资本投资社会事业。财政支出安排体现"普惠"原则,重点向农村倾斜,向低收入群体倾斜,着力支持农村基础教育、技术培训、公共卫生和基本医疗、社会保障以及公共文化等的建设,全市预算内资金用于"三农"投入121.1亿元,增长17.6%。

4. 建立健全民生保障长效机制成为推进基本公共服务体系建设的坚强基石

为切实解决人民群众最关心、最直接、最现实的利益问题,市委市政府积极探索创新工作机制,为全市人民提供更为有效的基本公共服务。近年来,市委市政府出台了一系列健全为民办实事长效机制、推进基本公共服务均等化的政策文件,每年在《政府工作报告》中提出办好"为民实事"工程,确定具体目标,确保全面完成,其中大部分涉及基本公共服务均等化问题。同时,为确保把实事做好、做细、做实,建立健全了民情反映机制、民主决策机制、责任落实机制、投入保障机制、督查考评机制,广泛听取群众意见,通过人大代表、政协委员的议案提案、人民群众来信来访以及政府网站等渠道,广泛征询为民办实事项目,并在综合各方面建议的基础上,科学决策,形成为民办实事工作计划,让群众实实在在享受到基本公共服务改善带来的实惠。

5. 加快实施一大批民生项目成为推进基本公共服务体系建设的主要载体

近年来,绍兴市在编制基本公共服务均等化年度实施计划时,都将一大批民生项目的实施作为计划的主要载体和动力。2009年116个民生保障项目完成年度建设投资156亿元。2010年102个民生保障项目总投资近665亿元,年度建设完成投资182.6亿元,完成年度计划的115.3%。2011年123个民生保障项目年度建设投资200亿元,基本完成建设计划。2012年92个社会民生工程项目投资186.2亿元,完成年度计划的102.1%。

（三）城乡基本公共服务体系建设面临的困难

"十二五"后期,随着全市经济发展方式的加快转变,将面临一个社会需求的快速增长期、社会结构的深刻变动期、社会矛盾的集中凸显期和社会改革的深入推进期,绍兴市在基本公共服务供给上面临更多的挑战。

1. 城乡基本公共服务产品供给依然不足,特别是广大人民群众对优质公共服务产品的需求更显迫切

一是供给总量依然不足。由于历史欠账和财力原因,目前绍兴市基本公共服务总量上还显不足,尤其是广大的农村,在城市中行路难、停车难依然是生活中的突出问题。二是基本公共服务"从有到优"比"从无到有"更难。主要是优质资源分布不均,基础教育重点学校入学竞争激烈,三级以上综合性医院大多集中在城市中心地域,农村基层卫生服务、公共文化、体育设施的利用率不高。能提供优质服务资源的养老机构相对缺乏,导致国办养老机构"一床难求",但公办敬老院床位空置率却高达50%;市场对失能、失智老人的康复护理服务需求十分旺盛,但现有大多养老机构以日常生活照料为主,难以提供更高层次、更为专业的服务。

2. 经济复苏的艰难曲折对城乡基本公共服务体系建设的不利影响将更加显现

进入"十二五"后半期,全球经济复苏艰难曲折,市场环境瞬息万变,区域竞争日趋激烈,外贸出口、企业经营等面临不少风险和挑战,对社会领域和基本公共服务体系建设的不利影响将更加显现。很多基本公共服务项目,刚解决或正在进行"建"的投入,但建成后的运行和长效管理问题就摆在面前,从运行经费到服务管理等方面都需要更大的投入。经济发展放缓直接减少对劳动力的需求,由此带来的就业压力要引起更加重视,高校毕业生由于专业、就业期望值、就业定位等原因不少人就业难,大量农村剩余劳动力普遍缺少职业技能,就业困难,同时一些企业因生存和经营困难引发的社会问题会不断增加,对经济秩序和社会稳定会造成一定的影响。

3.改革深化的艰难使城乡难以在短期内实现真正的基本公共服务均等化

我国的城乡二元体制的情况下,农村基层组织一直以来都没有足够的资金来源去保障农村公共产品的供给,导致农村公共产品一直处于供给不足的状态,形成了较多的历史欠账,这是造成我国城乡基本公共服务不均等的体制原因。近年来,虽然城乡二元体制改革在逐步推进,但改革还基本停留在比较浅的层次,尤其是城乡两套基本公共服务供给体制的不接轨,给实现基本公共服务均等化带来了现实的困难。要从根本上消除城乡二元结构,实现城乡统筹发展,还有更长的路要走。

（四）城乡基本公共服务体系建设的建议

建立健全城乡基本公共服务体系,促进基本公共服务均等化,是深入贯彻落实"八八战略"的重大举措,是构建社会主义和谐社会、维护社会公平正义的迫切需要,是全面建设服务型政府的内在要求,对于推进以保障和改善民生为重点的社会建设,对于切实保障人民群众最关心、最直接、最现实的利益,对于加快经济发展方式转变、扩大内需特别是消费需求,都具有十分重要的意义。下一阶段绍兴市应坚持"创业创新、走在前列"战略部署,围绕主题主线,以提高人民生活水平为目标,强化创新驱动,深化改革开放,加快转型升级,统筹城乡发展,着力改善民生,实现经济持续健康较快发展和社会和谐稳定。

1.社会事业建设要以满足人民群众公共需求为导向,加快向配置公平、发展均衡方向迈进

着眼城乡公共服务资源的统筹配置和优化调整,着力推进社会事业较高水平的均衡发展。深入实施学前教育三年行动计划,着力推进义务教育均衡化、高中教育优质化、高等教育规模化、职业教育特色化,使所有县（市）成为全国义务教育均衡县,加快镜湖科教园建设,全力打造优质教育之城。全面推进公立医院综合改革;推进村卫生室标准化建设和紧密型一体化管理,筑牢农村医疗卫生服务网底;按照《绍兴市十二五医疗机构设置规划》,增加公立医院数量和规模,积极鼓励、引导、支持社会资本兴办医疗机构。注重文化惠民活动实效,启动基层文化设施新三年扶持行动,促进群众文化广泛开展;加快中国书法博物馆建设,打响中国兰亭书法节、公祭大禹陵等文化品牌;完善文化产业扶持政策,建设一批重点文化产业集聚区。抓好《绍兴市全民健身实施计划(2012—2015)》的实施,广泛开展全民健身活动,扎实开展体育创强工作。

2. 社会保障建设要以保障人民群众基本生活为导向,加快向多层次、全覆盖、保基本、可持续方向迈进

按照"多层次、全覆盖、保基本、可持续"的要求,着力打造充分就业城市、社会保险全覆盖城市和劳动关系和谐城市。在全市开展创业型城市创建活动,进一步引导高校毕业生开展创业就业工作;把就业困难人员、农村富余劳动力作为就业援助重点,大力开发提供公益性就业岗位,消除零就业家庭。制定实施被征地农民养老保障向职工基本养老保险和城乡居民社会养老保险并轨制度,强化统筹,进一步建立城乡一体的养老保险制度;全面实施职工基本医疗保险和城乡居民基本医疗保险制度,不断提高参保人员医保待遇;启用城乡居民社会保障卡,实现城乡居民医保全市一卡通;全面开展城乡居民大病医保的试点及政策实施工作,切实解决城乡居民大病患者的特殊困难。加大社会救助工作力度,全面启动申请救助家庭经济状况核对平台建设,推进低保规范化和城乡低保标准一体化,不断完善临时救助机制。加快社区居家养老服务中心的设施改造、功能拓展与转型升级,大力扶持专业化养老服务组织发展,加快乡镇敬老院转型升级成综合性社会福利中心。

3. 社会管理建设要以提升人民群众幸福安全感为导向,加快向充满活力、公平正义、和谐稳定方向迈进

突出地方党委和政府核心作用。建立健全以城乡社区(村)党组织为核心、以群众自治组织为主体、社会各方广泛参与的新型城乡社区(村)管理机制;以纪念"枫桥经验"50周年为契机,开展"枫桥式"派出所创建,推进社会治安立体化、科学化管理,努力打造"平安绍兴";完善矛盾纠纷"大调解"体系,着力化解一批信访积案。加强非公经济组织社会责任。在充分发挥国有企业社会管理和服务作用的同时,指导和帮助非公有制经济组织全面提升自身素质,明确非公有制经济组织服务管理员工的社会责任。激发社会组织管理活力。制定扶持引导社会组织发展政策,重点培育和优先发展经济类、公益慈善类、城乡社区社会组织和民办非企业单位,支持社会组织参与公共服务和社会管理,扩大社会服务志愿者队伍。

4. 社会体制改革要以最大限度激发社会活力为导向,加快向社会关键领域、纵深地带迈进

坚持创业带动就业和城乡统筹就业,健全创业型城市和充分就业社区(村)建设机制,完善有利于高校毕业生充分就业、农民工转移就业、困难群体帮扶就业的体制机制。根据《绍兴市"十二五"教育改革和发展规划》要求,以改革促发展,努力实现义务教育均衡化,高等教育普及化,推进绍兴教育的优质化、现代化。完善推进公立医院综合改革,以区域卫生信息化平台为基础,建设绍兴市预约诊疗服务平台,继续深化基层医药卫生体制综合改革,推进村卫生室标准化建设和紧密型一体化管理,推行全科医生签约制度,巩固完善基层医疗机构国家基本药物制度。完善国有文艺院团转企改制,深化公益性文化事业单位内部管理体制和运行机制改革,增强文化发展活力,提高公共文化服务能力。深化廉租住房、经济适用房、限价房和公共租赁住房等城乡保障性住房制度改革,进一步扩大城镇住房保障覆盖面。

5. 社会政策制订要以惠民便民利民为导向,加快向系统完备、科学规范、运行有效方向迈进

坚持改善民生与发展经济相统一,以"十二五"规划纲要为引导,注重整体谋划,使发展成果最大限度让全体人民共享。坚持突出重点与统筹兼顾相衔接,从人民群众最关心、最直接、最现实的利益问题入手,从经济社会发展水平和公共财政能力的实际出发,有序推进民生建设。坚持政府主导与社会参与相结合,立足绍兴市民营经济发达、体制活力强的优势,积极探索和建立政府主导、社会参与、公办和民办并举的公共服务多元供给机制。坚持增加投入与深化改革相协调,高度重视用改革创新的手段促进民生改善。

6.社会设施建设要以进一步改善城乡生产生活条件为导向,加快向布局合理、城乡共享方向迈进

按照"积极有为,量力而行"的原则,持续加大财政投入,加快实施包括河道治理、农村公路修建、公交线路增设、停车位增设、保障性安居房、农村饮用水改善、"菜篮子"、农贸市场改造等在内的一批民生实事工程项目。加强对公共服务设施建成后的长效管理,落实养护主体责任和资金来源,切实将有限投入转换成有效的民生服务。

基本公共服务体系建设将是社会发展过程中永恒的课题,当前面对前所未有的各种困难和复杂严峻的诸多挑战,更需要不断探索,不断创新,以不断完善的公共服务来促进经济社会平稳较快发展。

二、江苏昆山:八个"一体化"——基于 2015 年的调查

(一)昆山市基本情况

昆山东靠国际大都市上海,西依历史文化名城苏州,京沪高铁、沪宁高铁、上海轨道交通等都在昆山设有站点,距上海虹桥国际机场、浦东国际机场约40 分钟和 90 分钟的车程。昆山市域面积 931 平方公里,总人口 255 万人,其中户籍人口 77 万人,辖国家级昆山经济技术开发区、国家级昆山高新技术产业开发区、省级昆山花桥经济开发区、省级昆山旅游度假区和 8 个镇。

党的十一届三中全会以来,昆山以开放促发展、促改革、促创新,走出了一条以改革开放为时代特征、以创业创新创优精神为强大动力、以人民幸福为不

懈追求的率先发展、科学发展、和谐发展的"昆山之路"，成为江苏科学发展的排头兵、全国18个改革开放典型地区之一。

（二）城乡基本公共服务均等化的实践与经验

近年来，昆山扎实推进发展规划、产业布局、基础设施、资源配置、公共服务、就业社保、生态建设、社会管理等"八个一体化"，统筹谋划城市的规划建设、运营管理、综合服务，持续推动城乡一体化和新型城镇化发展。

1.坚持规划一体化，打破二元地域分割，促进城乡空间有序融合

始终把城乡一体化发展和推进新型城镇化作为转方式、调结构的重要路径，完善制度体系，长效深入推进，促进城乡之间在经济收入、社会保障、公共服务和生活质量上均衡均等，在空间、产业、环境、文化形态等方面互补协调。

注重开放式规划。充分考虑长三角区域一体化发展的大背景，主动与周边城市共同协商、论证，科学把握昆山的发展定位和分工合作关系，科学开展总体发展规划、重点区域规划和重大基础设施规划等重点规划的修编，使昆山市的城乡一体化发展和新型城镇化建设建立在更大区域一体化发展的基础之上。全国首条跨省际地铁——上海轨道交通11号线花桥延伸段顺利开通，全国县级市首条中环快速路建成通车，目前正在规划苏昆轨道快线、昆山中环与苏州中环无缝对接等重大路桥工程，以进一步强化苏昆沪"同城效应"。

注重一张蓝图贯穿。积极推动"多规合一"，引领全市资源集中、产业集聚、用地集约。深化城乡一体、片区发展、产城融合理念，进一步完善"中心城区（核心区、功能区）——特色镇——新型社区——自然村落"四级五层城市体系，形成城镇综合单元、工业单元、更新单元、郊野单元、生态单元等72个规划单元，明确功能定位、建设重点、管理机制，划定开发边界，制定分类控制的空间发展政策，确立全域功能管控新导向。

注重全市域统筹管理。坚持区域整体性开发，探索运用市场化方式推进城市更新，鼓励社会资本参与城乡交通、商贸、文体等功能设施建设，推动办公、商业、居住、生态空间合理布局,建设复合型功能综合体。遵循乡村发展演化规律,兼顾现实情况和长远发展需要,从严控制村庄撤并,稳妥推进村庄集约建设,将建设预留区范围内的村庄改建农村新型社区,将需要保护的周庄、锦溪、千灯等古村镇进行修缮维护,将需要保留的自然村落进行整理改造,实现新型社区、农村传统村落和民居保护的齐头并进,全力保持好江南水乡风貌。同时,引入"白色地段"理念,对发展定位不清的地方,宁愿暂停详规和设计建设,为未来留足发展空间。

2.坚持产业一体化,打破二元分工体系,促进城乡产业联动发展

不断深化农村改革,推动企业向园区集中,土地向规模集中,居住向城镇集中,促进工业集聚化、农业规模化、农民市民化发展。

加快企业向园区集中。把工业园区和城镇建设有机结合,同步推进,形成区镇联动发展、园区优势互补、基础设施共享的产业布局新格局。在先进制造业方面,形成了以昆山深化两岸产业合作试验区和昆山开发区为龙头,以综合保税区、昆山高新区为重点,以电子信息、精密机械两大主导产业为支柱,以光电、可再生能源、新材料、机器人等特色产业基地为配套的发展格局。全市新办工业企业入园率达100%,规模以上企业集中在工业园区达到96%以上。在现代服务业方面,形成了以花桥国际商务城等集聚区为重点,以中心城区、城市副中心、小城市为依托的多样化、集中化发展格局。在现代都市农业方面,形成了以基本农田保护区为重点,以海峡两岸(昆山)农业合作试验区为特色,以"四个十万亩"和22家农业示范园区为载体的发展格局,2014年全市农业亩均效益3244元,农业现代化水平位居全省前列。

加快土地向规模集中。健全"政府引导、市场调节、农民自愿、依法有偿"的土地流转机制,建立市财政每年每亩补助400元的激励政策,鼓励农户委托集体统一流转土地承包经营权。目前,全市共组建119家土地股份合作社、集体合作农场15家,农业规模经营面积达19.96万亩,规模经营占比99.7%,土地流转率达99.7%,流转收益每年每亩800元以上,并逐步提高。与此同时,昆山紧紧抓住两个"零增长"牛鼻子,一方面,强化项目协调领导小组职责,加强新引进项目的源头把关和统筹协调,推动用地向大项目、好项目、成熟度高的项目倾斜。另一方面,推行区镇建设用地与盘活存量土地成效挂钩,深入推进转型升级腾出发展空间、已批未开发土地清理处置、经营性土地集中招拍挂等专项行动,整治淘汰高耗能、低产出企业,加大存量土地的盘活力度。

加快居住向城镇集中。积极顺应开放型经济提升发展的特点,在城市建设中充分融入开放、包容、多元的国际元素。在本土文化与外来文化的和谐共生上下功夫,强调把昆曲文化、先贤文化等优秀传统文化充分融入城市的规划建设中,统筹兼顾、积极吸引海派文化、欧陆文明和台湾风情。建成体育中心、图书馆、美术馆、市民文化广场等一批设施。在全省率先实现户户通有线电视,完成数字电视整体转换。实施文化"五个一"和由一个篮球场、一个健身点、一个活动室组成的社区体育"三个一"工程,推进"文化信息资源共享工程",利用党员远程教育终端,建立覆盖全市各村、与各类文化机构联网的信息化网络。

3. 坚持资源配置一体化,打破二元分配格局,促进城乡要素优化组合

昆山将城市的资金、技术、人才等先进要素和农村的土地等珍贵资源统筹起来,努力推动城乡要素双向流动,优势互补,实现多方共赢。

搭建城乡权益置换平台。在遵守国家土地政策的大前提下,积极探索以"宅基地"和土地承包经营权置换城镇社会保障和住房保障,在全国率先取消农民动迁"一户一宅"的政策规定,创新开展农村房屋置换城镇商品住房,统一建设以公寓楼为主、公用设施一步到位的农民新型社区,农民移居后,一般每户可得到 2 至 3 套商品房。坚持农村集体土地经营主体以本地农民为主,承包者必须是本地户籍人员并具备相应的职业技能,在同等条件下,坚持"先本组、后本村,再本镇,最后全市"的原则,严把经营主体关。

严格执行耕地保护制度。坚持"三个高于"的公共财政投入政策,确保财政支农投入的增量明显高于上年,固定资产投资用于农村的增量明显高于上年,政府土地出让收入用于农村建设的增量明显高于上年,耕地占用税新增收入主要用于"三农",并建立多元化投入机制,积极鼓励和引导"三资"投向"三农"。以集约节约用地促进转型升级,先后提出集约用地"八个度"和"八融合"机制,形成具有昆山特色的"8+8"科学节地模式,促使有限的土地产出最大效益,倒逼经济发展方式,优化供地结构,进一步推进城乡土地利用一体化。探索建立基本农田保护奖励机制,全面落实耕地占补平衡,深入开展农村土地整治。

建立村企挂钩帮扶机制。支持发展村级经济,组建强村联合发展公司9家,2014年村均集体经济总收入751万元,增长12%。组建"三大合作"经济组织520家,持股农民比例达93.2%,2014年发放干股红利2.7亿元。持续深化集体经济薄弱村扶持工程,深化局村挂钩、村企合作机制,市镇两级财政先后投入超过3亿元,支持薄弱村发展各类载体项目,增强村级"造血"功能,实现了行政村年可支配收入村村超过100万元的目标。

4.坚持基础设施一体化,打破二元建设体制,促进城乡生产生活同质化

昆山坚持问题导向,以交通与环保基础设施为重点,统一布局,统一建设,形成"无缝对接"、城乡一体的基础设施网络。

统筹交通基础设施。加快现代路网体系建设,构建市域大交通框架,推动各乡镇道路与境内一级以上公路联网畅通,保证在市域范围任何地点15分钟上高速,30分钟到上海或苏州。加快路网管养全覆盖,提供城乡同样水平的管护条件。昆山在省内同类城市中率先推进农村公路与城市道路建设水准的全面接轨,并将农村道路管养纳入大交通管理。在国内同类城市中率先推出乡镇区域公交,形成市、镇、村之间快速衔接的市域公共交通,实现行政村"村村通公交",为城乡居民提供了同样便捷的出行条件和公共服务。全市公共交通出行分担比例达25%,公共自行车实现全市域"通借通还"。

统筹环保基础设施。以市域交通与环保基础设施为重点,统一布局,统一建设,统一管理,形成"无缝对接"、城乡一体的基础设施网络,全市基本形成

"六纵六横二环五高"的市域交通大框架,城乡污水处理厂及其管网建设的全覆盖,以及"户集、村收、镇运、市处理"的垃圾"一个炉子"焚烧处理体系。目前,全市已建成污水处理厂24座、污水管网1342公里,工业污水处理率达100%,城市生活污水处理率达96.1%。

统筹供水基础设施。投入近3亿元建立饮用水水源地保护区,全面完成区域组团供水,在全省率先实施城乡共用同一水源和同一输水管网,实现饮用水同一水质,成为国内第一个全区域实现饮用水深度处理的城市。同时,投资19.8亿元,完成第二饮用水源(长江引水)工程,形成"江湖并举、双源供水"安全用水格局。

5. 坚持公共服务一体化,打破二元供给框架,促进城乡公共服务均等化

昆山大力推动政府的公共服务由过去重点保障城市向城乡并举转变。财政用于城乡公共服务支出占比超过80%。

持续推进教育均衡化。近年来,昆山采取一系列举措,力促城乡教育均衡发展,形成与片区规划相适应的教育布局。通过建立中小学校经费保障机制,促进城乡教学设施和生均公用经费趋于均衡。通过实施城乡学校骨干教师交流制度,选派城区优质知名师资到乡镇学校、民办学校任职任教,挑选乡镇、民办学校优秀青年教师到城区学校学习培训,促进城乡师资力量趋于均衡。通过执行义务教育阶段公办学校"划片招生、就近入学"的规定,严格规范城区中小学招生行为,给"择校热"降温,促进城乡生源素质趋于均衡。仅去年,全市就新建、续建中小学18所,幼儿园14所,公开招录新教师1390名。发放外来工子弟学校扶持补助资金2454万元。

持续推动医疗均等化。加大本地医疗机构与上海知名医院在临床医技、医院管理等领域的交流合作力度,推进以技术为纽带的医疗联合体建设。推动城区大医院与乡镇医疗机构的挂钩合作,市一院和市中医院先后与乡镇医疗机构建立紧密型合作关系,将农村急需的重点专科力量向中心城镇延伸。注重指导服务,支持民营医疗机构发展,促进乡镇医疗机构向社区卫生服务中心转型,新建成社区卫生服务中心 21 所、社区卫生服务站 141 所,市三院病房大楼、康复医院二期建设有序推进,形成城区医疗、乡镇医疗、社区医疗有机结合的医疗服务体系。在乡镇基层医疗卫生机构营造"用得上、靠得住、留得下"的人才环境,推动医疗卫生人才到基层服务,全市引进的各类实用型卫生技术人才和高等医学院校毕业生,到区镇卫生院工作的分别超过 50% 和 30%。

持续深化服务社区化。坚持公共服务的设施建设与产品供给并重,以农村新型社区为重点,加紧构筑以社区(村)公共服务中心为主要载体的城乡公共服务平台。在建设标准上,农村社区与城市社区基本统一,个别标准高于城市。如城市社区公共服务中心的面积要求达到 1000 平方米以上,而集中居住型的农村新型社区则要求达到 2000 平方米以上等。目前,全市已建成 117 个农村社区公共服务中心和 77 个城区社区中心。在基本功能上,不论城乡都具备行政、便民、文化体育、医疗保健、社会安全和党建服务六项基本功能,实现镇有便民服务中心,村有便民服务室,农村居民"小事不出村,大事不出镇,出镇有人代"。在建设资金上,由市、区镇、村按 4∶4∶2 比例负担,经济薄弱村由市镇两级财政各 50% 比例负担,日常运行经费由区镇、村分担,经济薄弱村适当增加区镇财政贴补。

6. 坚持就业社保一体化,打破二元福利鸿沟,促进城乡保障并轨

昆山强化就业社保等城乡保障一盘棋思想,加快城乡社保制度并轨,不断缩小城乡保障差距,推动社会公平和社会稳定。

统筹城乡富民增收工作。落实产业富民、创业富民、就业富民、物业富民、投资富民、保障富民、财政转移支付富民、帮扶经济薄弱村带动富民等"八项举措",尤其是创造性地建立创业小额贷款担保机制,积极发展村镇银行,成立农村小额贷款公司,累计发放创业小额贷款 8.1 亿元。推进社区股份合作社股权固化改革,明晰集体经营性资产产权归属,赋予农民集体资产股份权能,形成较为完善的持续增收机制。城乡居民收入差距缩小到 1.7∶1。目前,全市有 126 家社区股份专业合作社开展了股权固化工作,涉及农户 80797 户、涉及人数 268228 人。

促进城乡劳动力就业创业。建立城乡统筹就业机制和服务网络,城乡居民享受同等的就业机会和优惠政策,城镇登记失业率控制在 3%以内。市财政每年拨出 2000 万元专项资金,为城乡劳动力技能培训"买单",其中获得国家级职业资格证和特殊工种(岗位)证书的达到 40%以上,全市 90%以上的农村劳动力在非农领域实现就业。

推进社保医保制度并轨。在低保、基本养老、基本医疗、征地补偿、房屋征收补偿等社会保障实现"应保尽保"基础上,率先在全国实施城乡养老保险和医疗保险并轨,并率先在低保政策上实行城乡统一标准,目前为每人每月 700 元,最低生活保障标准提高到每月 660 元。加快被征地农民和灵活就业人员进"城保"步伐,实行居民基本医疗保险制度和大病补充医疗保险制度。推进日间照料中心和社会保险定点护理院建设,建成乐惠居等居家养老信息服务平台。

7. 坚持生态文明建设一体化,打破二元环保机制,促进城乡环境共同改善

昆山始终围绕"生态立市"目标,注重用同一标准衡量城乡环境,避免出现城市环境优美、农村生态退化的局面。

环保要求一视同仁。制定《可持续发展招商引资产业结构调整环保指导意见》,明确所有区镇在项目引进过程中,一律按照国家产业政策和环保标准进行环保审核,从源头上杜绝"三高"项目。全市万元地区生产总值能耗 0.43 吨标煤。实行严格的污水排放许可制度,污水管网和强制接管实现全市域覆盖。中水回用率提高到 17%。推行环境保护指标公开发布制度,定期公布区镇和主要行业的能源消耗、污染排放情况,强化环境监管和社会群众监督。建立大气污染联防联控机制,出台重污染天气应急预案、大气污染防治行动方案,开展大气污染源排放清单调查和大气污染防治专项检查。仅 2014 年,全市就淘汰黄标车890辆,新增在线连续监测企业废气80家。与此同时,昆山不断加强生态农业建设,大力推广应用农业节肥、节药、节水,和低毒低残留农业投入品和生物防治技术,推进农作物秸秆还田,全力控制农业面源污染。

生态修复同步进行。加大生态补偿力度,水稻生态补偿资金从每年每亩的300元提高至800元,去年拨付生态补偿资金1.45亿元。全面落实河长负责制,对城乡水环境进行综合整治。按照"增绿成园,沿路设带,傍河建林,以绿连镇,百里绿廊连城乡"要求,加快建设以城区园林绿地、生态湿地为"点",主要河道、主干道为"线",乡村重点湖泊生态绿化为"面"的绿化框架体系,每年新增绿化1000亩左右,全市林木覆盖率和城镇绿化覆盖率分别达到18.7%、43.1%。成为全国绿化模范城市。同时,改变过去环境整治只抓城市不抓农村的局面,整体推进城乡环境整治,使城市更像城市,农村更像农村。

生态创建一起推动。城市和农村分别以创建国家环保模范城市、国家卫生城市、生态工业园和环境优美乡镇、生态村等为主,其他社会群体则以创建绿色社区、绿色企业、绿色单位等为主,推动全社会生态创建活动的蓬勃开展。荣获国家卫生城市、国家环保模范城市、国家园林城市、国家生态市、全国绿色小康县(市)等称号以及中国人居环境奖和联合国人居奖,成功创建国家可持续发展实验区,被列为第二批全国生态文明城市建设试点城市。

8. 坚持社会管理一体化,打破二元管理机制,促进城乡和谐稳定

昆山加快城市管理各部门的资源整合,推动中心城区规划统一管理,突出街道在中心城区社会治理中的主阵地作用,按照"重心下移、资源下沉、权力下放、权责统一"原则,科学划分街道范围,明确街道职能定位,创新街道管理模式,探索"市属、街管、街用、街考核"工作机制,促进城市规划管理信息化、基础设施智能化、公共服务便捷化、社会治理精细化。

建立权责一致、高效运转的行政管理体制。在领导体制上强化综合协调,针对城乡分割、条块分割的工作状况,实行条块结合的市领导分工方式,建立区镇挂钩联系制和重点工作、重点项目分工负责制,形成城市、农村工作相互对接、良性互动的新格局。在区域行政管理上实行统筹整合，依托四个省级以上开发区，分别采取"园区托管"、"区镇合一"、"区镇互补"等模式，扩大区镇管理权限，促进资源整合、政策共享，增强区域综合竞争优势。在行政管理体制和运行机制上开展了一系列探索实践，其《经济发达镇行政改革与流程再造》项目荣获第七届中国地方政府创新奖中的最高奖"优胜奖"。对乡镇干部考核从以 GDP 增长为主的旧考核体系，转变为以经济发展、人民富裕、社会和谐综合平衡的新考核体系，经济指标占比变小，社会发展目标得以强化。同时，在新考核体系上各区镇间的考核标准也各不相同，通过差别化的考核，将城乡不同区位和工作环境下的干部积极性都充分调动起来。

构建触角延伸、覆盖城乡的城市管理体系。早在 2000 年，昆山市就在全省率先设立城市管理局，实施城市管理相对集中行政处罚权试点工作。2006 年，昆山顺应城市化发展规律，探索建立"大城管"机制，专门成立由市长为主任的城市综合管理委员会，对城区与镇区的管理范围、职责、权限进行合理界定和划分，建立起更加科学完善的长效管理机制。同时，推行管理重心下移，向区镇派驻执法管理机构，采用"网格化管理"模式和数字化管理手段，配备相应执法人员和装备，大幅度提高城市管理效率和覆盖率。

形成五位一体、联防联控的治安管理模式。2003 年率先探索形成综治、警务、治保、调解、外来人口管理"五位一体"的治安管理模式，在此基础上，昆山又与时俱进建立农村"户与村"联动、城区"派出所与社区电视监控"联网、"亲民岗亭、治安巡逻区、群防群治区"三区联防、市区"内与外"联控、路面与水域联守的"五联机制"。深化城市环境综合整治"931"行动，引入科技、信息手段，建成覆盖全市城镇的路面监控电子系统，完成外来人口社会化信息采集系统建设，形成政法部门之间、政法部门与社会部门之间以及区域之间的信息共享与协作机制，全面提升城乡综治基础工作水平。连续多年获得"江苏省社会治安安全市"称号，8 个镇全部进入"苏州市社会治安安全镇"行列。与此同时，昆山扎实推进社区"减负增能"工程，推行"一支（委）一居一中心一办"的新型社区服务管理体制,开展行业协会商会、科技团体、慈善公益、社区服务等四类社会组织直接登记,不断提升基层自治组织依法履职和社区管理科学化水平。

(三)城乡基本公共服务均等化面临的困难与建议

昆山正处于经济社会双重转型的提升期,社会结构深刻变动、社会利益格局深刻调整、人们思想观念深刻变化以及社会认知和价值观念日益多元化,对基本公共服务均等化带来了全新的挑战。

具体表现在:一是城乡一体化带来的社会风险日趋增大;二是产业转型升级引发的叠加效应日益显现;三是"信访不信法"现象对法治观念带来一定的冲击;四是公共安全防范压力较大。

昆山作为外来人口集中的新兴城市,首先是人多,2014 年年底,昆山的外来人口实有登记数超 175 万,是户籍人口的两倍。一方面,这对资源环境、基础设施、医疗卫生、教育保障等方面公共资源均等化带来极大的挑战。另一方面,对全市面上的社会平安稳定带来了极大的挑战。2014 年,刑事作案人员流动人口占 95.6%、吸毒人员流动人口占 82.5%。其次是人杂,各类特殊人群总量不少,民族宗教矛盾易发多发,邪教顽固分子活动频繁,隐蔽战线斗争错综复杂。人多、人杂对城市的道路交通管理、消防安全监管、安全生产监管等,都带来了防范工作的压力。

因此,昆山在社会治理方面实现从"重管理"向"重服务"转变。2004 年,昆山将外来人口管理办公室改为新昆山人工作委员会,同时成立了新昆山人服务中心,专为非昆山户籍的外来人员提供服务,承担着权益维护、法律援助、就业指导、就业咨询、医疗帮助等责任。2004 年,昆山所有公办中小学和外来民工子弟学校,全部向新昆山人子女敞开大门,除与当地学生同样缴纳杂费等国家规定费用外,借读费、择校费一律免交。2010 年,昆山因给予"外来移民"提供教育、养老、医疗和其他社会保障等基本服务的创新举措,获得"联合国人居奖"。

今后昆山将继续完善"八个一体化"的主要做法,同时依托社会建设部门的管理体制,有效整合公共服务资源,加快形成政府主导、覆盖城乡、可持续的基本公共服务体系;将国家法治力量和市场运作方式有机结合,健全和完善基本社会保险和医疗保险体系,发展多层次保险,适时调整城市就业保障制度,优化就业人口结构规模,完善社会救济和贫困人口救助制度,从根本上夯实社会长治久安的基础。

三、浙江安吉：生态环境公共服务——基于 2015 年的调查

科技创新和革命性技术的产生,更新了人类能源利用结构和生产方式,推动了工业化和城市化过程,但长期依靠资源消耗和环境损坏的产出模式以及日益增长的不可持续的生活方式和消费模式,也使得环境破坏和社会失衡愈发严重。特别是农村环境问题日益突出,形势十分严峻,农村环境所具有的公共产品特性、强外部性、地域性及公共产权属性决定了环境治理是一项涉及面很广的社会系统工程。

在我国经济绿色转型过程中,由于各地情况不一,决定了不能简单复制发达国家工业化过程中以城市文明替代乡村文明的模式,而必须走一条中国特色的城乡绿色经济发展道路。以浙江安吉经济绿色发展为代表的中国区域本土实践进一步表明中国环境公共服务需要在生态文明视域下,明确发展内生动力与目标,将价值层面的引导动员与经济运行机制、环境协同治理机制的创新相结合,以健全生态制度和弘扬生态文化为保障,同步发展城乡绿色经济,从而打通经济与环境间要素阻断,构建有中国特色的经济绿色化路径。

（一）安吉生态环境公共服务建设的实践

安吉位于浙江省西北部,是典型的山区县,面积 1886 平方公里,地势呈"七山一水二分田"结构。全县常住人口 46 万人,辖 9 镇 4 乡 1 街道、1 个省

级经济开发区和 1 个省级旅游度假区。和全国许多县相似,安吉全县人口 3/4 居住在农村,全县 90% 以上的地域面积属于农村。20 世纪 80 年代,安吉曾经是浙江省 25 个贫困县之一。为摆脱贫穷落后,安吉县参照"苏南模式"走"工业强县"道路,引进和发展了大量资源消耗型和环境污染型企业。尽管短期获得了经济快速增长,但也积累了大量的环境问题,最终被国务院列为太湖水污染治理重点区域,受到"黄牌"警告。沉重的整治代价使安吉逐渐认识到:传统工业化发展模式不适合安吉县情,全县最大的优势是生态环境,决不能走先污染、后治理的老路。只有深刻反思经济发展与生态保护的关系,认真吸取生态危机的教训,才能积极探索经济与环境和谐发展的全新道路。由此,以生态文明战略思想引领县域经济转型发展的思路初步从自发转向自觉形成。

在发展理念上,安吉早在 2001 年就提出生态立县发展战略,①2008 年开始在浙江省内率先建设"中国美丽乡村",②2010 年提出打造"全国首个县域大景区",确立了走生态文明与新型工业化、新型城市化与美丽乡村建设互促互进、共建共享的科学发展道路。在发展路径上,安吉根据自身的资源禀赋和经济、社会结构,不断推进环境、空间、产业和文明的相互支撑,即明确以"优雅竹城—风情小镇—美丽乡村"为发展格局,统筹协调城乡全域范围,实现从生态经济化向经济生态化的转型、从资源商品化向资源资本化的层级跨越,推进一、二、三产业生态化协调发展、现代文明与自然生态高度融合。

1. 发挥资源禀赋优势,通过生态产业规划和结构升级为生态环境公共服务提供支撑

安吉坚持绿色发展,围绕县域内外"生态消费"需求,坚持推动一、二、三

---

① 安吉县人大十二届四次会议通过《关于加快实施"生态立县——生态经济强县"的决议》,标志着安吉县生态立县战略正式确立。

② 安吉县计划通过 10 年的努力,将全县 187 个行政村全部打造成"山美水美环境优美、吃美住美生活甜美、话美心灵美社会和美"的现代化新农村样板,探索构建全国新农村建设的"安吉县模式"。

产业融合发展,低碳化发展,形成叠加效应和组团优势。一是推进农业产业休闲化。通过制定休闲农业与乡村旅游发展规划和政策,全面启动农业园区基地建设。延长现代农业园区和粮食生产功能区两类农业园区的产业链条,以"一产接二连三",发展生态循环农业、休闲农业和乡村旅游业。这些产业特色明显、基础设施完善、农旅结合的农业园区成为中国美丽乡村的新示范点、产业发展的新集聚点和农民新的增收点。二是推进工业园区生态化。坚持"集约集聚集中"原则,打造省级开发区、天子湖工业园、临港经济区工业"金三角"总体布局,并规划建设省际边际产业集聚区,推动工业园区向工业新城转型,提升平台承载力。构建"两大支柱产业(椅业和竹产业)+五大新兴产业(装备制造、新型纺织、新能源新材料、生物医药、绿色食品)"产业体系,实施工业经济转型升级三年行动计划,积极发展循环经济,打造区域品牌,推进产业集群化发展。三是推进旅游产业高端化。依托美丽乡村建设成果,充分利用生态博物馆、地域精品文化展示馆等各类文化资源,开发一批民俗风情体验为主题的文化产业。加快全产业链培育,着力提升传统工艺品、土特产质量。推动农产品、特色礼品向旅游商品、文化产品转变。以美丽乡村建设为基础,以县域大景区建设为龙头,形成中国大竹海、黄浦江源、白茶飘香、昌硕故里四条精品观光带。出台安吉县推进浙江省旅游综合改革试点规划和实施意见,培育竹海熊猫、室外滑雪、主题游乐园等新业态,探索"旅行社+景点+农户"等服务外包,打响"中国大竹海"、"中国美丽乡村"品牌,促进旅游产业由"观光"向"休闲"转型发展,形成生态观光、休闲养生、户外拓展等品牌,推广安吉白茶等系列农业高端产品,实现"产品变礼品、园区变景区、农民变股民",强县与富民得到有机统一。

2.重塑经济生态价值观,通过生态文化传播本土化和大众化为生态环境公共服务提供基础

围绕"人人学习生态知识、人人树立生态意识、人人建设生态家园"这一条主线,安吉采用生态教育、环境宣传、文化熏陶等多种手段①,从条件较好、群众积极性较高的村庄入手,通过示范引导,由点到面的办法进行村庄环境整治。带动群众从观望到参与,从犹豫到积极的态度转变,不断提高民众的生态文明意识。一是挖掘地域生态文化。联系地方风土人情,将生态文化与当地历史人文资源充分融合,将"吴昌硕文化"、"竹文化"、"孝文化"、"移民文化"等本土文化注入生态内涵。二是普及全民生态文明意识。以每年"3.25"生态日、"6.5"世界环境日为载体,广泛开展生态文明主题实践活动。包括常年举办生态文化节,创建绿色学校、生态文明村等工作,在寓教于乐、寓教于行中培育全民生态意识,形成全民关注和参与生态文明建设的良好局面。三是培育生态发展领导力。通过党校干部教育以及与高校和科研机构组织的各种生态合作交流项目,注重对关键人群的培养,特别是培育具有生态文明理念的中高层政府官员和企业家。四是强化生态文明执行力。广大基层干部在生态文明建设中发挥着示范带动作用。因此,加强农村基层民主建设,优选、配强村级组织班子,体现"执政重在基层、工作倾斜基层、关爱传给基层"的要求②,做到对广大基层干部多支持工作、多关怀政治、多关心生活,从而调动政策执行者的积极性,更好发挥其骨干作用。

3. 坚持生态制度规范建设,通过考核监督和公众参与为生态环境公共服务提供保障

只有通过若干制度建设,调动企业、政府官员和公众等利益相关方的能动性,才能确保经济在生态文明引领的轨道上不跑偏。在安吉,一是建立生态优先的项目推进制度。建立健全各类产业项目总量减排倒逼机制,探索实施污染物总量刷卡排放制度,建立项目能耗准入和用能总量核定制度,实行新上项

---

① 范一直:《构建生态文明四大体系之实践——以浙江省安吉县为例》,《当代社科视野》2009 年第 7—8 期。

② 任重:《山区城乡生态文明建设的一个动态考察——以浙江省安吉"中国美丽乡村"建设为例》,《改革与开放》2012 年第 24 期。

目"环评一票否决制"。二是建立科学分类的干部考核制度。把生态文明作为干部考核的重要指标,纳入各级党政领导班子和领导干部综合考核评价体系和离任审计范围。对乡镇实施个性化考核,对生态功能型乡镇强化生态建设,取消工业经济考核。县财政设立 2000 万元生态文明示范建设专项资金,每年对 B 类、C 类乡镇①进行生态文明建设奖励。三是建立全民参与的环境监督制度。维护公众知情权,落实环境信息公开化制度,及时向社会发布环境监测与污染物排放情况,并通过网络、电话等多媒体手段接受公众监督和信息反映。在环境事件处理中,以走访、调查、听证、座谈等多种形式主动听取利益相关方意见,限时处理答复。鼓励民间环保组织建设和生态文明志愿者行动,营造发挥其在环保专项行动、环保监督、宣传等方面作用的良好氛围。

4. 改善环境公共服务,通过优化城乡环境实现生态惠民为生态环境公共服务提供动力

只有让公众共建生态文明,共享生态成果,环境公共服务发展才能够顺利持续。安吉县依托当地生态资源,协调发展一二三产业,完善农村基础设施,全面开展环境整治,促进生产、生活、生态空间的优化,改善了创业人居条件。同时注重发挥比较优势,将全县 187 个行政村从规划定位上进行细致划分。现有 40 个工业特色村、98 个高效农业村、20 个休闲产业村、11 个综合发展村和 18 个城市化建设村,一村一业、一村一品、一村一景②,走特色发展之路,分类考核。形成布局合理、优势突出、市场广阔的生态产业新格局。一方面促进了城乡产业的发展、县域经济的壮大,县域综合实力在省市位次持续提高,另一方面环境改善和产业发展也带动了百姓增收,无论是家庭经营收入、务工就业收入、转移支付收入还是财产性收入都有显著提高。2014 全年城镇居民人

---

① 安吉县把全县乡镇分为三类:A 类发展工业,B 类发展生态企业,C 类发展服务业。凡是进入 A 类乡镇的工业必须具备完善的环保设施,接受环保门槛的考验,B 类、C 类乡镇若是致力于生态产业,政府每年对通过考核的企业提供 2 千万元的财政转移支付。

② 吴理财、吴孔凡:《美丽乡村建设四种模式及比较——基于安吉、永嘉、高淳、江宁四地的调查》,《华中农业大学学报(社会科学版)》2014 年第 1 期。

均可支配收入达到 37963 元,农村居民人均纯收入达到 21562 元①,生态文明建设得到了群众的真心拥护和切实参与。

安吉县生态文明引领经济转型发展得到中央有关领导、国内外知名专家的高度关注和肯定,"中国美丽乡村"建设逐渐成为浙江省新农村建设的示范试点和对外第一形象品牌,品牌价值和影响力不断提升。安吉县先后被授予联合国人居奖、中国首个生态县、全国首批生态文明建设试点地区等荣誉,被评为全国文明县城、全国卫生县城、荣获国家可持续发展实验区、全国首批休闲农业与乡村旅游示范县。

安吉作为一个城镇化程度并不高的山区小县,在追随传统工业化道路遭遇挫折后,重新审视、挖掘自身的条件和潜力,因地制宜。在生态文明价值引领下,优化政府公共服务,以制度建设为保障,努力发展产业友好、城乡联动的环境公共服务方式。安吉实践表明生态文明引领经济绿色发展,必须从路径设计上进行创新。

(二)生态文明引领生态环境公共服务的经验与建议

作为对工业文明的超越,生态文明是在深刻反思工业文明飞速发展导致生态环境恶化、发展难以为继的沉痛教训基础上,继承和发展工业文明,代表了一种更为高级的人类文明形态。生态文明的基本要求是人与自然和谐相处、协调发展,既要正确利用资源环境,也要切实保护资源环境。因此,生态文明视域下的经济绿色发展是一场涉及到文明与文化、经济运行机制、技术创新模式②和环境公共治理变革的多维度系统革命。其中,包括生态文明在内的全面发展观体现环境公共服务的战略设计;经济运行机制和社会(特别是环

---

① 安吉县统计局、国家统计局安吉调查队:《2014 年安吉县国民经济和社会发展统计公报》,http://www.anji.gov.cn/default.php? mod = sysarticle&do = detail&tid = 13857&siteids = 103156,2015 年 4 月 27 日。

② 张孝德:《生态文明与中国经济转型的新思路》,《今日浙江》2010 年第 11 期。

境)公共治理结构变革构建环境公共服务的机理模式;技术创新则从微观层面提升环境公共服务的个体执行力。当自上而下的理论指导和价值引领与经济发展政策、环境治理结构紧密结合,并激发自下而上产生技术与管理的创新,实现不同主体间的良性互动时,才真正能够实现经济绿色持续发展。

1.全面提升公众幸福指数是实现生态环境公共服务的内生动力与根本目标

与浙江省其他县相比较,安吉县的经济总量和财政收入只能算是一个小县,但是安吉县城乡居民的收入在浙江排名并不低,居于中等以上。在生活小康的基础上,百姓同时享受着山清水秀、气鲜土净、城乡优美的生态及人文环境,享受着"小财政"作出的"大文章",拥有完善的基础设施、健全的公共服务和充分的社会保障,幸福指数很高。这一事实表明,当人们收入状况达到一定水平时,物质财富的多寡不再是决定人们幸福感的关键因素、唯一因素,优良的生态环境、充分的民主参与、丰富的精神生活、基本的社会保障等因素在幸福指数中的权重越来越大①。从"求生存"到"求生态",从"盼温饱"到"盼环保",人类对干净水质、绿色食品、清新空气、优美环境等生态的需求更为迫切。因此,在中国已经进入中等收入国家之列后,要转变"唯 GDP 论英雄"的发展观,把全面发展作为整体要求来推进,其中良好生态环境是最公平的公共产品,是最普惠的民生福祉。要在经济发展的基础上,将生态环境质量纳入基本公共产品范畴,增强生态产品生产能力,同步推进各项社会事业,不断满足广大居民不断增长的多方面需求,促进人与自然的和谐发展,实现物质富裕和精神富有。而这才是经济绿色发展持久的内生动力与根本目标所在。

2.建立全社会全过程的生态经济运行机制是实现生态环境公共服务的物质基础

经济绿色发展不仅是单个企业的污染治理,而是要渗入到产业、城市空间

---

① 农业部农村社会事业发展中心美丽乡村建设课题组:《美丽乡村 幸福安吉》,《农民日报》2012 年 12 月 20 日。

和消费方式的系统发展。从经济角度,这种发展主要体现在三个互动层面:一是微观层面,指的是单个企业、产业层面的绿色生态经济,即单一型生态经济;二是中观层面,指的是企业、产业之间的绿色生态经济链,即结合型生态经济;三是宏观层面,指的是社会层面的绿色生态经济层,即复合型生态经济①。安吉县通过拓展山区农业、生态、文化的多种功能,三次产业均向新型绿色方向转型,实现了三次产业间互为市场、互为资本来源、互为品牌支撑,形成了一产和二三产业相结合、二产带动一产推动三产、三产辅助一产联动二产的发展格局,实现了产业间的良性互动和高效循环,充分放大了山区生态资源的价值,促进了农民就地就业、就地创业,使安吉县域经济抗风险能力不断提升,资本积累过程有效缩短,整体实力日益增强。这表明地方可以通过自然资源的有限开发、有序开发、有偿利用,构建供需平衡、结构优化、集约高效的资源保护与合理利用体系;在绿色产业体系构建上,实施对传统产业的生态化改造以及促进节能环保等战略性新兴产业和旅游休闲服务业发展,使绿色经济、循环经济和低碳经济在整个经济结构中占较大比重。② 同时需要政府规制和市场机制共同作用提升经济绿色发展和内化环境外部性的能力:包括改革重要资源性产品的价格机制,促进资源节约利用;制定财税政策将生产和消费领域所产生的环境成本显性化;激发市场活力和社会创造力,创建有序竞争的绿色产业发展市场环境;推动政府、企业和研究机构建立绿色资源和技术共享网络。从而将末端治理与源头转型结合,将技术解决与政策变革结合,推动生态优势转变为经济优势、生态资本转变为发展资本、以绿色产业发展引领经济转型升级,以技术创新和涵盖生产、消费、流通全过程的经济运行机制调整,促进环境公共服务。

3.同步推进城乡生态文明建设是实现生态环境公共服务的有效途径

中国有广大的农村地区,即使工业化、城镇化快速发展,农业也依然是国

---

① 侯霞:《西藏发展生态经济的若干问题》,《西藏发展论坛》2012年第4期。
② 周宏春:《生态文明呼唤经济转型》,《中国经济时报》2013年2月21日。

民经济的基础产业,农村也依然是不可忽略的重要区域。尤其许多欠发达区域是中国乡村的集聚地,是污染和贫困的高发区,环境公共服务必须考虑如何以统筹城乡、梯度推进的原则解决城乡发展问题,因地制宜、创造性地解决城乡区域内部小而散的污染问题。安吉实践充分凸显促进城乡均衡发展、提供生态产品是政府的应尽职责,是公共财政保障的重点。因为百姓对城乡人居环境的感受最深切直接,所以政府通过公共服务营造良好的城乡生态环境,建设美丽的城乡绿色家园,把生态文明理念融入城乡规划建设,能够促进高效的生态产业发展,走一条"绿活、绿富、绿强"的路子,因地制宜将生态优势转化为经济优势,经济优势进一步促进生态资源可持续利用,实现环境公共服务。在公共服务供给过程中,加强对生态环境、土地、水资源、能源、自然和历史文化遗产保护,体现生态文明;与居民社区合作,对农村生活垃圾进行"减量化收集、资源化利用、无害化处理",大力推进人居环境综合治理。当城乡生态文明建设同步推进,形成城乡在经济上彼此分工、在政治上相互平等、在文化上各具特色,生态环境优美、协调发展的现代化区域整体布局,才能够实现城乡互补、互为资源、互为市场、互相服务的绿色协调发展。

4.健全生态制度、弘扬生态文化是实现生态环境公共服务的强大保障

制度和文化是推动环境公共服务的双引擎。首先,通过加大制度创新力度,建立健全法律、政策和体制机制,加强生态环境事前、事中、事后监管,保障生态安全。包括建立完善多元化的投入机制,按照"排污者付费,治理者赚钱"的原则,积极调整财政支出结构,把生态建设作为公共财政支出的重点之一,逐年加大对环保的投入。并以制度进一步保障提升信息公开、舆论监督和公众参与决策的整体水平。例如,促进环境信息公开制度的实施和完善,探索制定信息公开法,使公众获取达到国际通行标准的环境信息;完善制度与机制,建立利益相关者在规划和决策早期参与和透明有效参与的方式和机制,确保公众的表达权、参与权和监督权;改善公众投诉处理机制和流程,并建立和完善公益诉讼机制,促进依法有序、科学理性的公众参与。① 其次,健全环保协调机制,完善环保部门统一监督管理、有关部门分工负责的生态文明建设协调机制,建立责权一致、相互协作的环境管理体制架构。合理划分中央政府与地方政府的环境管理职能,优化各级政府的行政管理和技术支持力量。高度重视区域、流域间环境监管的合作机制和协调机制建设。再次,建立科学的干部考核评价体系,认真落实环境保护目标管理责任制,将生态文明建设和环境保护作为年度考核各乡镇和部门政绩的重要内容,实行严格的考核、奖惩制度。最后,也是极其重要的是在全社会树立先进的生态伦理观念,弘扬生态文化的魅力,推动生态文化、生态意识、生态道德等生态文明价值导向的普及和推广。因此需要发挥媒体的积极作用,构建有利于经济绿色发展的宣传教育体系,运用多种途径引导企业和公众主动参与到环境保护和绿色发展中。通过合作治理,在生态制度执行中凝聚生态建设的动力,彰显活力。

5. 构建法治基础上的环境协同治理结构是实现生态环境公共服务的主体格局

在生态文明视域下,明确政府、企业和公众所承担的经济绿色发展和环境保护中的主体责任,界定各主体的行动范围,形成权利义务对等的良性合作关系。② 政府必须加快转变职能,提升科学民主制定政策的能力、提升行政部门的政策执行能力和司法机关的司法能力。通过制定必要的法规、政策和制度等规范包括自身在内的各行动者的行为;通过切实合理解决地区、城乡、不同社会群体之间经济发展与环境利益和负担分配的均衡和公平问题,维护社会结构和秩序的良性发展;通过协调和引导政府—企业—公众之间的合作,对实现环境公共服务的各种措施和手段进行监督和评价。在激发企业、产业绿色

① 贾峰、伊莎贝尔·希尔顿:《促进中国绿色发展的媒体与公众参与政策》,《中国环境报》2013年11月18日。
② 中国环境与发展国际合作委员会:《中国环境与发展国际合作委员会2013年年会给中国政府的政策建议》,《环境与可持续发展》2014年第4期。

发展过程中,充分重视市场机制的长效作用,不断丰富经济与环境协调的市场手段。企业必须严格遵守国家环境法规和强制性标准,履行环境法律社会责任,贯彻绿色就业发展的法律和政策。在政策税收优惠政策的促进下,鼓励领先企业自愿推行绿色供应链管理,制定绿色技能开发计划,实现技术创新、技术与管理升级,自觉履行环境社会责任;联合其他利益相关方如媒体、环保组织,保障绿色就业领域劳动者的权益,共同强化环境责任等。充分重视和发挥公众和社会组织在推动绿色发展和参与环境保护中的作用,使公民和社会组织在法律基础上,明确自身的基本权利和对等的环境责任与义务,参与各类环境保护事项的渠道和程序,提高全社会的环境意识和能力。提倡生活方式绿色化,推动全民在衣、食、住、行、游等方面加快向勤俭节约、绿色低碳、文明健康的方式转变。

在此基础上,推动经济绿色发展的环境治理机制创新。通过社会组织整合各类社会资源和力量,建立与政府之间更加畅通有效的沟通机制和渠道,推动各相关方有效地交流、表达诉求、参与环境公共决策、对政府和公共部门的环境管理过程和绩效进行监督和评价;开展自我参与式的教育和环境意识的提高等;针对转型发展过程中的环境"邻避效应"问题和环境群体事件,探索建立政府与社会公众良好的冲突解决与应急响应互动机制。[1]

第二节　中西部地区城乡基本公共服务均等化实践

党的十八大明确提出了"新型城镇化"概念,中央经济工作会议进一步把"加快城镇化建设速度"列为 2013 年经济工作六大任务之一。中央指出,中国的城镇化特别要解决好"三个 1 亿人"问题,即到 2020 年要让进城务工农

---

①　中国环境与发展国际合作委员会:《中国环境与发展国际合作委员会 2013 年年会给中国政府的政策建议》,《环境与可持续发展》2014 年第 4 期。

民中的1亿人在城镇落户,变成真正的城里人;加快中西部地区城镇化进程,引导1亿农民自愿就近就地进城;集中力量进行棚户区和城市危房改造,解决好1亿人的居住问题。在我国城镇化进程中,中小城市发展步伐明显滞后,特别是欠发达地区,城乡基础设施和公共服务体系建设欠账较多,对人口、产业的聚集力较差,城镇辐射和带动农村地区发展的功能尚未得到充分发挥。如何挖掘这些区域的发展空间和潜力,实施新型城镇化特色发展战略,对于我国积极稳妥推进城镇化、促进城乡基本公共服务均等化发展具有至关重要的意义。本节选取我国中西部地区的三个欠发达城市——河北邢台、江西赣州、四川巴中作为典型案例,就当前欠发达地区城镇化背景下城乡基本公共服务均等化情况进行了调查思考。

一、河北邢台——基于2013年的调查

(一)邢台市基本情况

欠发达城市城镇化面临农业转移人口进城不彻底、土地资源粗放式消耗、缺乏顶层设计指导等我国城镇化进程中各地普遍存在的共性问题。此外,受发展水平制约,多数欠发达城市城镇化还有其自身突出的问题。主要表现在:(1)工业化水平低,经济总量小,中心城区和县域经济实力弱,产业集聚度不高,吸纳就业能力不强,人口聚集能力差,推进城镇化物质基础薄弱。(2)城市基础设施建设与管理滞后,配套功能不完善。很多城市的财力水平,除了保工资、保运转之外,很难再挤出资金用于支持城镇化建设。学校、医院等公共服务设施建设滞后,城中村、旧城改造改造任务繁重,保障性住房不能满足群众需求,新型农村社区建设推进困难。(3)农村非农产业发展落后,小城镇建设水平低,配套设施不完善,水、电、路、气等基础设施和教育、卫生、文化等公共服务设施建设欠账较多。此外,农村土地制度方面存在的问题使长期在城镇工作和生活的农业转移人口难以在放弃土地权益时得到合理补偿,制约了

他们顺利融入城镇,也不利于农村土地适度规模经营。(4)农村转移人口的子女上学、公共卫生、住房租购以及社会保障等公共服务需求日益突出。对城市缺乏归属感和认同感,打击了他们真正融入城镇安家落户的意愿和积极性。

以邢台为例,2012 年年底,邢台市总人口 715.5 万人,城镇人口总数为 299.37 万人,城镇化率为 41.8%,低于全省平均水平约 3.8 个百分点,低于全国平均水平 10.8 个百分点,甚至与 2011 年全国中部地区城镇化率的平均水平 45.5%相比,也处于落后阶段。

1. 从市域范围看,农业农村占比大,城镇化水平总体滞后

邢台市包括 1 个设区城市,2 个县级市,15 个县和 70 个县城以下建制镇。其中,只有沙河、清河、南宫 3 县市城镇化水平大于 40%,邢台县、广宗、威县 3 县市城镇化水平不足 30%,宁晋等其余 11 县城镇化水平在 30 — 40%之间。绝大多数县市规模小,难以起到承上启下的作用;建制镇数量虽有所增加,但凝聚力不强、吸引力不大,人口规模最小的不足 2000 人,基础设施建设水平及经济社会发展水平较低,城镇面貌与规模较大的农村居民点相差无几,城镇化水平整体滞后(参见表 5-1)。

表 5-1 邢台市域城镇规模等级一览表(2012 年)

城镇规模(万人)	数量(个)	占城镇总数比重(%)	城镇名称(括号内为城镇人口,万人)	城镇总人口(万人)	占城镇总人口比重(%)
>50	1	1.1	邢台中心城区(71.5)	71.5	23.9
7—20	8(县市)	9.2	宁晋(18.0)、南宫(13.0)、沙河(13.0)、隆尧(11.0)、巨鹿(11.0)、清河(7.3)、威县(7.9)、临西(7.7)	88.9	29.7
3—7	8(县市)	9.2	南和(7.0)、平乡(8.0)、任县(7.5)、广宗(5.2)、新河(4.8)、内邱(7.0)、临城(6.0)、柏乡(4.9)	50.4	16.8

续表

城镇规模（万人）	数量（个）	占城镇总数比重（%）	城镇名称（括号内为城镇人口,万人）	城镇总人口（万人）	占城镇总人口比重（%）
1—3	17（镇）	18.4	邢台东汪镇（2.6）、白塔（3.3）、宁晋东汪镇（2.0）、耿庄桥（2.0）、大陆村（2.5）、四芝兰（2.0）、大孟村（2.0）、郝桥（1.5）、河西（1.5）、莲子（1.5）、河古庙（1.4）、新城（1.2）、段芦头（1.2）、官厅（1.1）、邢家湾（1.0）、东镇（1.0）、贾宋（1.0）	25.9	8.7
0.5—1	25（镇）	29.9	*	62.67	20.9
<0.5	28（镇）	32.2	*		
合计	87	100		299.37	100

注:邢台中心城区人口包括邢台县城人口及城中村农业人口。这也表明中心城区的数据是统计意义上的城镇化水平,实际的城镇化率更低。

2.在经济发展上,产业基础薄弱,同质化现象严重,缺乏吸纳就业能力

2012年邢台全市实现生产总值1429亿元,人均19969元,不仅远低于全国平均水平38354元,甚至距离河北省的平均水平33859元也有很大差距。全市二三产业所占比重为84.7%,在河北省11个市中仅高于张家口市和衡水市,低于全国同期平均水平5.2个百分点;其中,服务业所占比重仅为29.2%,远低于44.6%的全国平均水平,对经济增长的贡献明显偏低,产业结构亟需进一步提升优化。邢台市现有工业结构矛盾突出,支柱性企业主要集中于冶金、能源、建材三大领域,产业水平低、资源消耗高、环境污染大,缺少技术含量高、创新能力强、产业链条长、行业带动性好的建设项目,各县市之间产业同质化程度高,多为能耗高、污染大的行业,造成产业结构趋同,缺乏特色优势。各县市之间职能分工互补和产业集聚效应均不明显,重复建设和布局不合理问题突出,整个地域呈现职能均质化,缺乏多样性和系统性,整体处于分散低效的发展格局。由此造成城市发展缺乏活力,对人口的聚集力有限,带动区域发展的能力不强,城镇化速度慢、水平低。

3.在城镇基础设施和公共服务体系建设上,地方政府财力不足,资金匮乏

2012年,邢台市财政总收入170.9亿元,市公共财政预算收入85.6亿元,不论总量、人均还是增速,均低于河北省平均水平,甚至处于最末位。同时,国家对政府融资严格控制,使城镇化建设资金严重短缺。有些市县每年只有几百万元的城镇基本建设经费,既无力进行道路交通、管网、绿化等较大型工程建设和改造,也无力挖掘撬动民间社会资本投入到城镇建设中去。至于城乡一体的社会保障体系建设,则更是无米之炊。

(二)城乡基本公共服务均等化面临的主要问题

欠发达城市城镇化发展滞后,同时也意味着其发展空间还很大,关键就看其能否发挥内部优势,把握外部机遇,选准突破口,最大限度地挖掘城市的潜力。以邢台市为例,城镇化发展具备的优势主要体现在:(1)交通便利的区位优势。京广、京九铁路和大广、京港澳高速公路贯穿南北,邢和铁路、邢济高速横穿东西,邢黄铁路、邢汾高速的加快建设,邢台机场建设的积极推进,将使邢台的区位条件得到质的提升。(2)产业转移的要素价格优势。目前沿海地区生产要素价格不断上涨,而邢台市作为欠发达地区,工业用地有保证,劳动力资源供给充裕,生产要素成本相对较低,具有招商引资、承接产业梯度转移的良好条件。(3)市场潜力大。随着国家化解产能过剩行业路线图的明晰,产业结构和消费结构的加快升级,国内需求潜力的不断释放,邢台市装备制造业和钢铁、建材等原材料工业以及纺织服装、食品加工等消费品工业具有较大的转型和扩张提升空间。(4)产业环境逐渐完善。邢台市是河北省重要的重工业城市,一大批工业聚集区和园区建设的加速推进,基础设施和发展软环境明显提升,夯实了城镇化加快发展的重要基础。

同时,邢台的发展还面临以下机遇:(1)我国劳动密集型、资源密集型产业由东部沿海地区向中西部地区的集中转移,为欠发达城市跨过工业发展这道槛、加速城镇化建设带来了前所未有的机遇。城镇化发展离不开产业的支撑和带动,承接转移的产业,弥补工业经济发展短板,形成具有较强聚集、辐射和带动功能的产业群,将为欠发达城市城镇化注入强劲动力。(2)农业生产经营体制机制创新和农民生活方式的改变,为建设农民社区、促进中小城镇发展创造了强烈的内在需求。城镇化的关键是农业转移人口市民化,随着邢台市农业劳动模式步入机械化耕种收割时代,越来越多的农业劳动力从土地中解放出来,进厂务工、集中居住成为农民改善生活环境的新要求,是推动城镇化进程的重要力量。

　　然而,必须清楚地认识到邢台发展还面临一系列困难。主要是:(1)欠发达地区难以复制沿海发达地区以乡村工业带动城镇化发展模式。因为欠发达城市乡镇的经济活力明显不足,自我发展的要素储备严重缺乏,对剩余劳动力的吸引力和吸纳能力都十分有限,所以难以支撑离土不离乡的农村工业发展模式。(2)欠发达城市发展新型城镇化需要克服"土地城镇化"快过"人口城镇化"的态势,努力实现以人为本的城镇化。新型城镇化的发展环境和条件已不允许重复过去相对粗放的资源消耗型分散工业化和城镇化路径,而是真正做到产业集聚人口、城镇安居人口、公共服务保障人口。这就涉及经济结构、社会结构和空间地域组织变化和转型,关系到经济结构转型、发展方式转变、体制改革创新和社会结构调整等一系列相关政策,对欠发达地市而言,克服阻碍,发挥后发优势,特别需要注意:其一,警惕城镇化发展中急功近利现象。城镇化发展是个长期的过程,不可能一蹴而就。城镇化发展实质上是一个经济发展的过程,欠发达城市城镇化速度归根结底由当地经济发展条件所决定。因此,城镇化从规划到实施,都要充分考虑当地的地理位置、发展基础、产业结构等现实情况,准确定位,决不能脱离实际一味地贪大求全,盲目扩张,大拆大建,将城镇化演变为"造城运动",最后或者成半途而废,或者成了"鬼城",劳民伤财。其二,警惕借城镇化之名行圈地套利之实。城镇化发展的重点是人口由农业转移到二三产业，而非大量圈占农业用地。在欠发达城市，土地使用成本相对较低，引进企业和项目的愿望更加强烈，更要防止以大规模占用土地的优惠条件吸引投资，导致个别投机者积极圈地，目的不是发展产业，而是获得未来土地的增值收益或是套取国家优惠政策。其三，处理好政府与市场、中央与地方的关系。一方面，注重发挥市场在资源配置中的基础性作用，提高市场运行的效率，从而发挥市场经济活力，创造出城镇化的集聚基础。另一方面，要处理好中央和地方的关系，在确保中央方针政策得以充分落实的情况下，注意充分调动地方的积极性，因地制宜地制定差异化的改革和发展政策。由此才能解决城镇化发展面临的"人往哪里去"和"钱从哪里来"的问题。

（三）城乡基本公共服务均等化发展的建议

结合对邢台市城镇化发展特征及制约因素的 SWOT 分析判断，笔者认为，欠发达城市新型城镇化背景下城乡基本公共服务均等化发展必须坚持城乡互动、政府引导、市场主体和体制创新的道路。

1. 坚持城乡互动发展的城镇化道路

欠发达城市城镇化发展必须依靠转变政府职能，实现城镇发展和新农村建设双轮驱动，通过以城带乡，以乡促城，城乡互动，带动农业转移人口真正实现城镇化（参见图1）。

一方面，增加城镇的集聚力、承载力和保障力。在集聚力维度上，城市（包括县城）要通过工业化和服务业的发展吸纳更多富裕的农村劳动力，让更多的农民工在城市立足，成为市民。这就要求政府做好简化行政审批，鼓励创业带动就业，优化产业发展环境的减法。同时做好提供就业信息和培训服务的加法。在承载力维度上，城市（包括县城）要做好科学规划和基础设施建设。特别是做好城市建设、交通、管理水平的加法。学校、医院等公共服务设施建设需要有一定前瞻性。在保障力维度上，努力构建城乡基本公共服务均等化的社会保障制度。

另一方面,增强农村发展的活力。新型城镇化不是将全国各地都建成城镇、消灭农村,而是与新农村建设齐头并进、同步发展。特别对于欠发达城市而言,许多地市都是农业大市,更要围绕"农"字做文章,发展现代农业、建设新型农村、让农民享有与城镇同样的公共事业和服务设施。在这个过程中必须处理好土地流转问题,进一步明确农民对承包地、宅基地的权益,引导农地承包经营权有序流转,促进农业生产向规模化、集约化、产业化转变;必须延长农业产业链,通过大力发展农产品加工业和产业化龙头企业,实现农产品增值,创造更多就业机会,以农业产业化促进农村工业化发展。通过农业规模化经营形成富余劳动力向城区转移的"推力",通过提高农业产业化经营水平提高农民收入,通过改善农村基础设施和公共服务改提高农民生活质量,实现城市与农村两个着力点平行推进。

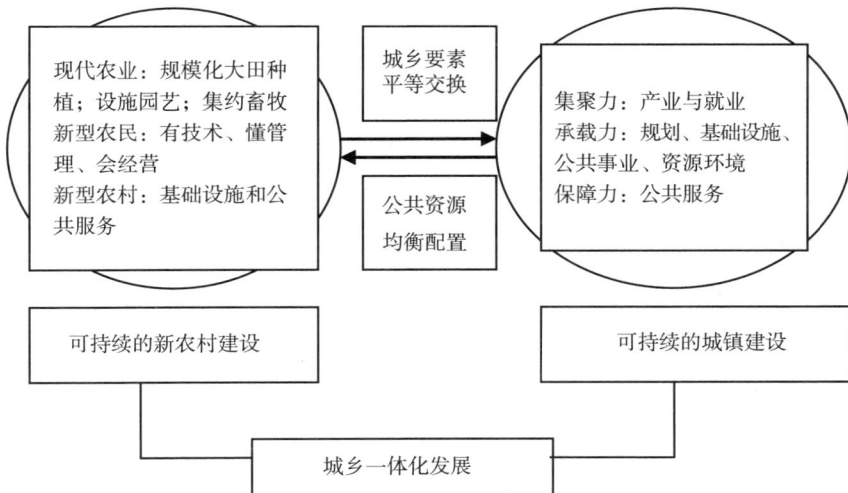

图5-1 欠发达地区城乡互动的可持续城镇化路线图

2. 发挥政府引导作用,加大政策和资金支持力度,在规划实施、改善基础设施条件上下功夫

受自身经济条件所限,欠发达城市的城镇化离不开国家和地方政府的投

资,这是打破传统束缚、释放城镇化发展空间的动力和引擎。如邢台市要紧紧抓住国家推进中原经济区建设、河北省重点发展冀中南经济区等战略机遇,积极争取政策和资金支持,以产业互补、错位发展为原则,在综合考虑东部平原农业用地广、西部山区生态环境好等地域特点基础上,科学确立各区域功能定位,重点支持既具城市优势且有较大发展空间的县城做大做强,强化区域内城乡统筹一体化发展;在编制修订城乡发展规划时,要主动考虑如何利用比较优势融入周边经济圈,谋求与周边区域的产业协调和联动发展。政府投资的重点要放在加快重大基础设施建设上,特别要以道路交通设施的对接为突破口来打通对外交往的通路,促进生产要素的集聚和合理流动;同时,提高供电、供气、供排水等基础设施水平,增强城市综合承载能力,改善城镇化发展的硬条件和软环境。

3. 发挥市场主体作用,立足资源优势,在承接产业转移、鼓励民间创业、打造特色产业上下功夫

新型城镇化建设需要政府公共财政增加投入,更需要社会资本的共同参与,打"组合拳",发展一批具有较强市场竞争力的产业、企业和产品品牌,为农民城镇化创造最先决的条件——就业岗位。如果没有产业支撑、没有就业岗位,城镇化就如同无源之水、无本之木,难以持续,拉美即是例证。因此,邢台市要从自然资源禀赋和社会经济发展阶段等现有条件出发,积极承接产业转移,加快建设一批精品钢材、重型装备、煤化深加工等工业集聚区;依托现有工业基础延伸产业链条,发展新能源、新材料等高科技环保产业;积极吸引外来投资打造区域特色产业,有特殊资源的县市不仅要大力发展第二产业,还要努力发展第三产业,打文化牌,走生态旅游路,最终在区域内形成各具特色、充满活力的现代产业体系,提高城市集聚力。

4. 加快体制机制改革,在吸纳就业、赋予进城农民权益上下功夫

新型城镇化不仅要让农民"进得来",更要"留得下",这就涉及户籍、土地、教育、社会保障、公共服务等多个方面的制度改革。"进得来",既需要发展产业提供更多的就业机会,更需要能够胜任岗位要求的劳动者,因此,要高度重视职业教育,培养技能型人才,同时加强对农民的就业能力培训,尽快提升欠发达地市劳动力素质,为城镇化发展提供人力资本支撑。"留得下",就是让进城农民能融入城市、在城市立足,为此,邢台市提出把符合条件的农民工在城镇落户作为推进城镇化的重要切入点,放宽全市及县城的落户限制,凡在县城以上城市稳定居住 6 个月以上或购置住房的,均可登记为城镇户口,在劳动报酬、子女就学、社会保障等方面与城镇居民享有同等待遇,为进城农民提供保障。

二、江西赣州——基于 2016 年的调查

(一)赣州市基本情况

赣州市位于江西南部,是江西南大门、珠三角直接腹地、海西经济区重要组成部分,享有"江南宋城"、"客家摇篮"、"红色故都"、"世界钨都"、"稀土王国"、"世界橙乡"、"绿色家园"等美誉,是国家级历史文化名城、中国优秀旅游城市。赣州市是江西省最大的设区市,国土面积 3.94 万平方公里、人口 954 万人,辖 2 区 1 市 15 个县,有 1 个综合保税区、3 个国家级经济技术开发区,县城以外建制镇 122 个。

近年来,赣州市委、市政府紧紧围绕党中央、国务院和省委、省政府的决策部署,深入贯彻落实中央城镇化工作会议、中央城市工作会议以及《国务院关于支持赣南等原中央苏区振兴发展的若干意见》等精神,全面推进以人为核心的城镇化,城镇化水平显著提升,赣州都市区、赣州东部和南部城镇群发展格局基本形成,市中心城区规模不断扩大。2015 年,全市常住人口城镇化率达 45.51%,比 2011 年提高 7.99 个百分点,市中心城区(含南康区)建成区面积 141 万平方公里,城市人口 141 万人,"小马拉大车"格局得到初步改变。先后荣获"中国最具生态竞争力城市"、"全国首批创建生态文明典范城市"和

"绿色生态城市保护特别贡献奖"等荣誉称号。

(二)城乡基本公共服务均等化面临的主要问题

赣南是革命老区,是全国较大的集中连片特殊困难地区,由于历史欠账大、基础底子薄、交通枢纽地位不明显等原因,目前全市城镇化水平仍然偏低。

1. 存在人口外流现象

赣州是江西省人口大市,户籍人口 954 万人,常住人口 851 万人。当前,东北老工业基地因人口外流已拉响"人口警报",西部地区因自然环境和经济发展等因素导致人口大量外流,形势也不容乐观。赣州虽然毗邻广东、福建等发达省份,但作为欠发达、后发展的革命老区,经济发展水平相对比较落后,可提供的就业岗位较少,既有的产业发展难以带动人口集聚,难以满足剩余劳动力的充分就业,大量的人力资源也流向了沿海等发达地区,一定程度上制约了城镇化的快速发展。近几年来,赣州每年外出务工人数保持在 100 多万人,没有就地或就近转移。2015 年赣州常住人口城镇化率 45.51%,落后于全国平均水平(56.1%)、全省平均水平(51.62%)10.59 和 6.11 个百分点。全市户籍人口城镇化率与全市常住人口城镇化率相差 24.31 个百分点。

2. 城镇结构不均衡

除市中心城区外,辖域内还没有 50 万人口以上的中等城市,尚未形成合理有序的城镇等级结构;众多的小城镇规模偏小,基础设施建设滞后,公共服务水平低,未能充分发挥对农业人口的吸纳作用。同时,从城镇群(都市区)内分工协作看,赣州都市区、赣州东部和南部城镇群虽然作为三个城镇群布局,但目前只是停留在空间划分的初级阶段,城镇群之间尚未建立协调机制,城镇群内城市间也没有建立协作机制。

3. 对外交通制约发展

赣州处于赣粤闽湘四省交界地区的区域中心,离深圳、广州、厦门、南昌等地区都大约有 400 公里左右的路程。一直以来,赣州在谋求发展的同时,高度重视大交通的发展,目前拥有铁路、高速公路、航空等多种运输方式,正在加快建设昌赣高铁,建成了赣龙铁路复线,开通了赣州至厦门的动车组,进一步加强了赣州与厦门等沿海发达地区的联系。但在经济社会快速发展的今天,赣州的交通发展没有跟上经济社会发展的步伐,缺乏高铁、大吨位水运等运输方式,主要通道能力及辐射范围相对较小,运输能力有限,跨省区综合交通运输建设整体上仍然没有形成网络效应,人流、物流与交通发达地区相比,耗时较长、成本较高,交通瓶颈问题仍然是制约赣州发展的重要因素之一。

4. 中心城市辐射力不明显

主要表现为经济规模与发展水平、交通运输集散功能、商贸物流服务等均与区域性中心城市不相适应。以经济规模与发展水平为例,赣州 2015 年 GDP 为 1973.87 亿元,占江西省(16723.8 亿元)的 11.8%,低于人口比重 6.84 个百分点;人均 GDP3725.12 美元,仅为全省平均水平(5911.48 美元)的 63%,赣州的经济发展的辐射影响力要弱于人口规模的理论辐射影响力。

5. 产城结合不够紧密

随着赣州城镇化加速推进,产业配套方面相对滞后,一些园区除水电路、通讯等基本生产性服务设施外,必要的医院、学校等生活性服务设施配套跟不上。同时,服务业总体层次偏低。以赣州旅游业为例,赣州自然环境优势突出,但目前这些山水资源尚未与城市人居环境建设紧密结合,城市旅游服务设施建设相对滞后,众多风景名胜区、旅游景区的知名度不高,特别是"江南宋城"的品牌效应尚未体现出来。

6. 城乡建设投入不足

一直以来,赣州注重城市建设投入,但由于地方财力有限,加之近几年受投融资、房地产市场不景气等因素影响,无论是市域范围,还是市中心城区,对道路、给排水、垃圾处理等城镇基础设施建设投入不足,从而导致城镇基础设施不完善不配套。市中心城区市政基础设施和公共服务设施水平,离全国平均水平、国家标准还有差距,乡村建设则更加滞后。

表 5-2　2014 年赣州市中心城区有关市政基础设施指标对比情况

	市中心城区	全省平均水平	全国平均水平
人均道路面积（M2/人）	11.64	16.25	15.34
建成区绿地率(%)	35.24	39.28	33.3
排水管网密度（KM/KM2）	8.34	9.09	9.6
污水处理率(%)	65.4	79.87	88.82

数据来源:江西省城市建设统计年鉴、全国城乡建设统计公报。

表 5-3　赣州市中心城区公共服务设施等指标情况

	2014 年	国家标准
文化娱乐设施用地	0.16 平方米/人	0.8—1.0 平方米/人
医疗卫生设施用地	0.56 平方米/人	0.7—0.9 平方米/人
体育设施用地	0.29 平方米/人	0.6—0.8 平方米/人
千人拥有床位数	4.1 床/千人	5—6 床/千人
小学生均用地面积	7.51 平方米/人	20—34 平方米/人
初中生均用地面积	17.23 平方米/人	25—30 平方米/人

数据来源:江西省城规院:《赣州中心城市公共服务设施布局规划》。

7.是城乡发展不平衡

赣州农村人口多,城乡二元结构特征明显。近几年来,赣州以农村危房改造为契机,深入开展了和谐美丽乡村建设,在村庄环境整治等方面进行了一些有益探索,改善了乡村人居环境。但城乡基础设施和公共服务差距仍然较大,乡村生活污水处理存在"建不起,用不起"的现状,生活垃圾无害化处理长效机制尚未建立起来。

(三)城乡基本公共服务均等化发展的建议

欠发达地区推进城镇化要立足于自身实际,汲取发达地区经验,以人的城镇化为核心,以综合承载能力为支撑,让后发优势成为后发动力,走以人为本、四化同步、优化布局、生态文明、文化传承的新型城镇化道路。

1. 坚持以人为本

城市的主体是人,载体是城。人们建设城市、管理城市,就是要让人进得了城、就得了业、安得了家。结合赣州实际,着力引导外出务工人员返乡创业就业,引导进城务工人员就地就近转移就业,解决好转移人口市民化的问题,扩大城镇常住人口规模,到 2020 年,力争新增城镇人口 80 万人左右,全市常住人口城镇化率达到 53% 以上。在人口转移的过程中,要把强化权益保障作为重要基础,全面落实农业转移人口进城相关政策,推进身份转变,完善社会保障体系,促进公共服务均等化,实现转移人口与城镇居民平权,并逐步实现思维方式、生产生活方式的转变,从"半城镇化"到完全城镇化。

2. 注重集群发展

自觉遵循"四化同步"的基本规律和要求,积极融入江西省域城镇化战略格局,努力推动城乡和区域间实现联动发展、融合发展。一是科学构建城镇体系。坚持规划引领,优化完善城镇布局和形态,加快形成以中心城市为龙头,瑞金、龙南次中心城市和周边卫星城市为依托,京九、厦蓉、济广交通廊道为轴带,县城和特色中心镇为支点的赣南城镇体系。二是做大做美中心城市。把建设省域副中心城市、赣粤闽湘四省通衢的区域性现代化中心城市和重要的区域性综合交通枢纽摆在突出位置,高标准建设蓉江新城、水东和水西组团,加快综合保税区、职教园区建设,全面提高产业、人口、资源的集聚和辐射能力,强化核心增长极作用。三是建立"1+2"城镇群发展协作机制。打破区域行政壁垒,加强市级层面的统一协调,强化重大区域规划实施中重大问题协调。建立完善城镇群内区域发展合作机制,统筹推进综合交通等重大基础设施建设。

3. 提升综合交通能力

围绕建成重要的区域性综合交通枢纽,着力构建大枢纽,建设大通道,繁荣大流通。一是建设大枢纽。以加快客运枢纽建设为依托，抓紧实施兴赣高速、宁定高速定南联络线等重大项目，建成赣州国家公路运输枢纽城市。以加快高铁站建设为依托，抓紧实施昌赣客专、赣深高铁等重大项目，打造区域性铁路客货运输枢纽。以黄金机场改扩建为依托，建设航空口岸，建成赣粤闽湘四省边际区域性门户枢纽机场。以赣州港建设为依托，提高赣州段航道能力，建设区域性内河干线港。二是建设大通道。加快推进区域内"三纵三横一联"铁路网、"三横三纵四联"高速公路网、"一主四辅"航空网、"一港五区"港口、"一干三支"水运网建设，重点完善南向与珠三角、东向与闽东南交通对接，使赣州成为京九与厦蓉形成"十字形"的国家级综合交通枢纽。三是繁荣大流通。加快赣州综合商贸物流园区、赣州保税物流园区、赣州空港物流中心、赣州港水西物流中心等重大物流节点建设，加强园区、节点与物流通道之间有效衔接，全面提升区域交通一体化。

4.增强市中心城区承载能力

推进市中心城区基础设施和公共服务设施建设，到2020年，建成"一环两横五纵"快速路网和"十纵七横"城市交通干路网，中心城市基本实现同城化，城市人口达210万人，基本确立省域副中心城市、区域性现代化中心城市、重要的区域性综合交通枢纽地位。城市综合交通网络方面，加快建设快速路、主次干路和支路级配合理的路网系统，提高道路通达性。大力发展以"大站快线"和"直达快线"为主的城市快速公交系统，启动建设轨道交通，全面形成以快速公交和常规公交为主体，出租汽车和城市慢行系统等其他公共交通工具为补充的城市公共交通运行体系。城市地下管网方面，建设地下综合管廊，超前谋划给排水、燃气等基础设施建设，做到一步建设到位，提升市政基础设施水平。城市公共服务配套方面，根据城镇常住人口增长趋势，配套建设中小学（幼儿园）、医疗卫生、文化服务、社区养老等设施，打造方便快捷生活圈。

5.推动产城融合发展

牢固树立"产城结合、组团发展"的理念，加快走出一条产城融合发展的有效路子。一是培育产业。将产业发展贯穿始终,加快培育和壮大优势特色产业,突出赣州小城镇特色,明确城镇群、不同层级城市、小城镇的产业发展导向,打造一批优势突出、特色鲜明的现代农业、商贸、旅游、生态园林等特色小城镇。优化产业内部结构,布局和发展一批城镇劳动密集型产业和服务业,加快发展金融保险、现代物流和健康服务、教育培训、科技服务、养老及家政服务等与城镇居民工作、生活密切相关的服务业,使之成为转移人口就地就近融入城镇的重要就业方式和渠道。二是带动融合。按照园区城镇化的思路,将产城融合理念贯穿园区规划建设管理各环节,推动城镇园区协调同步、整体推进。按照城市新区要求规划建设产业园区,调整园区用地结构和功能布局,推动符合条件的开发区或园区向城市功能区转型、单一生产功能向城市综合功能转型。

6. 拓宽城建投融资渠道

结合赣州实际,进一步拓宽融资渠道和丰富融资品种。一是探索建立政府和社会资本合作模式的融资新机制。明确 PPP 项目的采购方式、合作模式、项目回报机制等,对准备引进的 PPP 项目社会资本,通过竞争性磋商的方式,确定社会资本合作方。二是积极推动市政债券的发行工作。支持融资平台与金融机构采取综合金融服务方案,运用企业债券、中期票据、融资租赁、VC(风险投资基金)、信托计划、产业投资基金、资产证券化等多种方式参与城镇化项目。三是科学选择适合自身实际的融资模式。对经营性项目,依法放开建设和经营市场,积极推行投资运营主体招商,推进市场化运作。对准经营性项目,合理选择 PPP、股权投资等方式,并通过可行性缺口补助、影子收费、合理调价等机制,为投资人获得合理回报创造条件。对基本无经营性收入的非经营性项目,可建立政府购买服务等机制。

7. 注重可持续发展

城市发展既要满足当代人的需求,又不危及后代人的生存和发展。一是突出生态优势。赣州是江西母亲河赣江和香港饮用水源东江的源头,全市森林覆盖率76.2%,环境空气质量优良率和全流域水质达标率均为100%。在推进城镇化过程中,包括从城乡规划设计,到城乡建设管理,都要贯穿生态文明的理念,不能走破坏生态的道路,实现发展速度与发展质量协调并进。加强两江源头、中小流域、饮用水源地等治理与保护,抓好废弃矿山生态环境恢复治理,对城市饮用水实行最严格的保护措施。同时,利用好山环水绕的城市形态,着力做好山和水的文章,把山、河、湖等生态元素融入城市建设,建设生态宜居城市,实现山、水、人、城和谐相融。二是传承历史文脉。赣州历史悠久、人文荟萃,红色文化、宋城文化、客家文化等多种文化相融共生,深深嵌入这片土地。在城镇化发展中,要依托宋城文化、客家文化等历史文化资源,将历史文化和地域风俗等元素融入到城市形态中,稳步实施姚衙前、南市街、灶儿巷、郁孤台和七里镇等历史文化街区的修缮整治,积极推进阳明路骑楼街等特色街道的建筑立面改造,打造具有地域特色的标志性建筑。

8. 推进城乡协调发展

全面启动全域规划编制工作,完善县城、中心镇各类(各项)规划,逐步实现规划管理全覆盖。优化村庄布局,进一步规范管控农房建设,推进新型社区、农民新村、和谐新居建设。强化小城镇连接城乡的纽带功能,加大农村基础设施投入,促进基础设施向农村延伸、公共服务向农村覆盖、生产要素向农村流动、城市文明向农村传播开展农村人居环境整治,全面推进乡镇污水处理设施建设,实施农村垃圾治理5年专项行动,实现农村垃圾的全面长效治理。注重保留村庄原始风貌,保护历史文化名村和传统村落。

三、四川巴中——基于2016年的调查

(一)巴中市基本情况

巴中市地处四川东北部,1993年成立地区,2000年撤地建市,辖三县两区,幅员面积1.23万平方公里,总人口近400万人,是典型的西部山区、革命

老区和贫困地区,国务院确定的秦巴山片区三个扶贫攻坚中心城市之一。近年来,巴中市立足市情,抢抓机遇,扎实推进以人为核心的新型城镇化。

1. 城镇化水平快速提升

巴中市城镇化建设近些年呈现快速增长趋势,"十二五"末城镇化率由"十一五"末的29.3%提升到37.52%,年均提高1.64个百分点。全市城镇人口达到125.4万人。

2. 城乡统筹发展不断加速

通过大力实施新区、园区、社区"三区同建",城镇化带动城镇基础设施向农村延伸、公共服务向农村覆盖,对农村发展的促进作用显著增强。中心城区面积拓展到32.5多平方公里,人口增加到近50万人。全市打造9个重点镇、12个省级试点镇、81个中心村,建设1600多个巴山新居聚居点,农民聚居度达到30%。

3. 城镇承载能力逐步提高

全市城镇建成区面积、城市人均道路、自来水普及率、建成区绿化覆盖率、污水集中处理率、生活垃圾无害化处理率等大幅提升,交通、供水、供电、供气、电信等基础设施体系不断完善,城市形象和品位大幅改观,中心城市辐射带动力和影响力不断增强。

(二)城乡基本公共服务均等化面临的主要问题

巴中城镇化背景下城乡基本公共服务建设虽然取得了一定成效,但由于受历史和自然因素的制约,仍然存在着不少困难和问题,概括来讲,就是"人难进,钱难找,业难就"。

1. 人难进

巴中城镇化进程总体滞后,比全国平均水平低18个百分点,比全省平均水平低10个百分点,居全省第18位,城镇化水平仍然较低,对农村居民的吸纳能力不强。主要原因有:一是城镇体系不完善。城镇体系分工不够明确,空间配置缺乏协调，未能够形成优势互补的格局。同时，城镇之间经济社会发展水平差别较大，中心城市发展相对滞后，县城和小城镇建设不平衡。二是城镇承载能力不强。城镇基础设施建设滞后，公共服务市设施不配套，城市功能不够完善，承载能力不强，难以有效发挥产业、人口的承接承载作用。三是农业转移人口市民化分担机制不健全。巴中市农业人口中有近 120 万人常年在外务工，劳务经济成为农业的重要支撑，随着当前宏观经济下行，农民收入增长缓慢，农民进城速度放缓，同时，城镇公共服务水平不高，进城农民难以真正融入城镇，"城镇空心化"和"农村空心化"现象并存。四是农民守土情结较重。农民富裕之后，一部分开始向城镇转移，有的甚至到大、中城市购房定居，但更多的农民对进城却心存顾虑，尤其是年纪稍大点的担心进城后生活没有保障、不能享受镇居民同等待遇，仍视土地为"命根子"，守土恋地情结较重，不愿进城。另外有很大部分已进城经商务工的农民，虽居住在城镇，但不愿转为城镇户口，担心转户后既不能享受城镇居民待遇，又不能享受农村户口享有的诸如土地承包方面的优惠政策。一定程度上影响了城镇化进程。

2. 钱难找

主要原因是巴中市经济发展基础薄弱，财力有限，财政对新型城镇化建设的投入与需求之间的差距大；市场运作机制还不完善，社会融资难度较大。特别是当前城镇尤其小城镇的建设资金大都以政府投资为主，随着地方债务管理加强，在经济下行压力下，财权与事权不匹配的财税体制进一步弱化了地方政府的投入能力。资金短缺已成为影响和制约新型城镇化建设的最大瓶颈。

3. 业难就

巴中市是集革命老区、边远山区、贫困地区为一体的传统农业大市，经济发展基础薄弱，尤其是有利于增加财税收入和扩大城镇就业的第二、三产业发展相对滞后，导致城镇对农村富余劳动力的吸纳能力不强，新型城镇化发展后劲不足。同时，巴中市处于工业化和城镇化"双低"阶段，工业化滞后于城镇化，现有企业规模较小，仅有 230 家规模工业企业，带动力不强，自主创新能力较弱,产业发展后劲不足,支撑作用不明显。

(三)城乡基本公共服务均等化发展的建议

1. 提升综合承载能力

要科学确立城镇发展定位、功能布局。推进多规合一,完善新型城镇化总体发展规划、中心城区发展规划、县城总体发展规划、小城镇和新型农村社区建设规划、产业发展和社会事业发展等专项规划。按照适度超前的原则,加快基础设施配套建设,大力推进城市地下综合管廊和海绵城市建设,加强防灾减灾和应急设施建设,抓好城镇绿化美化,提升城市防洪、排涝、消防、抗震、应急避难场所等设施建设水平,提高人民群众生活的安全感。加快城镇医疗卫生、教育、文化、体育、养老等公共服务设施建设,切实提高基本公共服务均等化水平,增强城镇承载能力。同时,推进城镇与经济文化的融合,着力城镇文化软实力,增强文化竞争力,不断提升城市的品位和影响。

2. 推进农业转移人口市民化

促进有能力在城镇稳定就业和生活的农业转移人口举家进城落户。推进居住证制度覆盖全部未落户城镇常住人口,保障居住证持有人享有基本公共服务,将符合条件的农业转移人口纳入住房保障范围。推进城镇基本公共服务常住人口全覆盖,组织实施农民工职业技能提升计划,允许在农村参加的养老保险和医疗保险规范接入城镇社保体系,切实维护进城落户农民在农村的合法权益。实施财政转移支付同农业转移人口市民化挂钩政策,实施城镇建设用地增加规模与吸纳农业转移人口落户数量挂钩政策。

3. 创新投融资机制

按照"政府引导、市场运作"的思路,建立适应新型城镇化建设要求的投融资体制机制。建立动态平衡的政府偿债保障机制,防范债务风险。充分利用城镇存量资产,加强城镇公用资产配置,全面推进城镇基础设施方面改革,有偿使用公共设施。大力开展招商引资，支持搞好重点项目库建设，引导各类社会资本参与城市基础设施建设、社会事业和产业功能区建设。推进扩权强镇，增强小城镇发展能力，打造一批工业主导型、旅游服务型、流通商贸型、特色产业型城镇。

4.促进产业升级发展

产业发展是城镇发展的基础和源泉。要着力处理好产业发展与城镇化的关系，以加快产业发展为抓手加速城镇化进程。一是强化开放合作。充分利用各类平台，坚持以市场机制为基础、质量效益为中心、转型升级为目标、保护环境为前提，充分考虑区位实际情况，注重科学承接，挑商选资，积极引进一批具有良好发展前景的优势产业。二是做大做强主导产业。要做强龙头企业，延长产业链，扩大产业群，不断增强主导产业对整体经济的带动作用。要引导主导产业科学发展、有序布局，谋划主导产业核心环节重大项目，集聚上下游、串联产供销。要从战略高度和长远发展角度，选择符合本地发展的首位产业，使之成为城镇化建设的重要支撑。三是推进创新创造。实施创新驱动发展战略，以提高核心竞争力为目标，主攻产业转型，强化企业创新，引导和鼓励企业增加科研投入，搭建研发平台，形成自己的核心技术，占领产业发展制高点，构建战略性新兴产业高度引领、传统产业显著提升、资源节约环境友好的发展新格局。

第三节　特色小（城）镇建设

一、特色小（城）镇建设的背景与意义

发展特色小（城）镇是深入推进新型城镇化的重要抓手，是实现乡村振兴的重要城乡联结点，也是促进城乡基本公共服务均等化，实现经济高质量发展和人民高品质生活的重要平台和有效载体。

（一）特色小（城）镇建设的意义

1. 特色小（城）镇事关新型城镇化供给侧结构性改革

我国城镇化体系是沿大中小城市、小城镇依次推进的,小城镇建设处于末端。毫无疑问小城镇是目前我国城镇化建设中最短板,各项基础建设相对滞后,积累的问题相当突出。比如:功能定位比较模糊,没有纳入到城市群发展体系之中;基础设施欠配套;社会事业相对滞后;产业支撑不强;生态环境脏乱差突出。在要素配置上,土地供应紧缺,资金筹措困难,人口集聚不够等。

另一方面,随着城市化加快发展,许多大中城市的中心城区和新城集聚了过多的经济、政治、文化、教育、卫生、商业、贸易、交通、港口的功能,导致人口快速膨胀,"城市病"日益显现,交通拥堵、环境恶化、就学就医拥挤、住房紧张、就业困难等问题,正在不断加重城市负担,制约了城市化的健康发展。特色小（城）镇可以承接大城市功能转移,融入大城市功能分工的格局,也有助于极大降低农民城镇化成本。就上海而言,若按每个镇容纳 10 万人口计算,全市 100 多个乡镇,就可以消化 1000 多万人口,中心城区、新城的城市承载压力将会大幅度减轻。

通过美丽特色小（城）镇建设补上城镇体系短板,形成大中小城市和小城镇协调发展的格局,必然是我国新型城镇化的一场供给侧结构性改革。

2. 特色小（城）镇是实现乡村振兴和基本公共服务均等化的最佳城乡联结点

特色小（城）镇承担着"城"与"乡"之间的节点功能,发挥着"乡"与"城"不可替代的互补作用,既可以解决城市扩张过程中产生的"城市病",又可以克服农村空心化,让越来越多的农村人口背乡不离井,提高认同度。特色小（城）镇既具有带动提升农村公共服务水平的平台功能,也具有辐射延伸城市公共服务的载体作用。一方面,可以上联中心城区,有效地承接城市公共服务、商贸服务向农村拓展。另一方面,可以下带农村,通过扩展发展规模、提高建设水平、优化设施条件，辐射带动农村现有公共服务资源整合提升，使农村水、路、电、气、通信等基本实现全域覆盖，促进城乡基础设施、服务体系有机连通。

乡村振兴要创新城乡融合发展体制机制。城乡融合发展不仅要求城乡人口、技术、资本、资源等要素相互融合、互为市场、互为服务、互为依托，而且要求城乡在经济、社会、文化、生态上协调发展。同时城乡在基础设施、功能配套、公共服务、医疗卫生、教育培训、社会保障等要素均等化。国家在基本公共服务上投入不少，但仍不令人满意。将特色小（城）镇作为城乡联结的最佳平台和落脚点，有助于实现就业、教育、医疗保障等基本公共服务的城乡一体化。

因此，对特色小（城）镇应从战略层面上高度重视，从政策层面上大力支持。

习近平总书记、李克强总理等先后对特色小镇和小城镇建设作出重要批示。2015年5月，习近平总书记在考察浙江时，对浙江特色小镇建设给予充分肯定；在中央经济工作会议上，他大段讲述特色小镇，浙江梦想小镇、云栖小镇、黄酒小镇等被一一点到。同年12月24日，习近平总书记在中央财办报送的《浙江特色小镇调研报告》上作出重要批示："从浙江和其他一些地方的探索实践看，抓特色小镇、小城镇建设大有可为，对经济转型升级、新型城镇化建设具有重要意义。在实践中，各地务必要因地制宜，突出特色，充分发挥市场主体作用，切不可政府大包大揽、一哄而上，切不可'东施效颦'、'千镇一面'。另，浙江着眼供给侧培育小镇经济的思路，对做好新常态下的经济工作也有启发。"李克强总理要求"认真总结浙江经验，积极探索特色新型城镇化路子"。

2016年7月，住房和城乡建设部、国家发展改革委、财政部联合发出《关于开展特色小城镇培育工作的通知》，提出到2020年培育1000个左右各具特色、富有活力的特色小（城）镇。这1000个小（城）镇约占我国现有建制镇总数的5%左右。2016年10月，国家发展改革委发布《关于加快美丽特色小（城）镇建设的指导意见》（发改规划〔2016〕2125号），再次就如何做好美丽特色小(城)镇建议给予指导。目前,我国特色小(城)镇培育尚处于起步阶段。2016 年和 2017 年,住建部先后公布两批共 403 个特色小(城)镇名单。作为"关键少数",其建设情况将具有很强的示范意义。

然而,到底什么是特色小镇,什么是特色小城镇?无论政府、学界、还是市场对这些概念仍不甚清晰。对特色小(城)镇如何规划、建设、管理,还存在着各种各样的普遍性与特殊性问题。因此,本节首先将从概念上厘清特色小镇和特色小城镇的异同,回答"什么是特色小镇?什么是特色小城镇?"其次选取典型案例,分析回答"当前特色小(城)镇建设存在哪些突出问题?如何破解?",以期为特色小(城)镇建设总结经验并提出政策建议。

(二)特色小(城)镇的概念界定

特色小(城)镇包括特色小镇、小城镇两种形态。特色小镇主要指聚焦特色产业和新兴产业,集聚发展要素,不同于行政建制镇和产业园区的创新创业平台。特色小城镇是指以传统行政区划为单元,特色产业鲜明、具有一定人口和经济规模的建制镇[①]。

特色小镇是浙江适应和引领经济新常态的率先探索。首先,浙江 10.55万平方公里陆域面积,"七山一水两分田"的资源禀赋,促使浙江省委省政府出台建设特色小镇的思路[②],作为破解浙江空间资源瓶颈的重要抓手。浙江在城乡接合部建"小而精"的特色小镇,目的是在有限的空间里融合产业、旅游、文化和社区等功能,形成令人向往的优美风景、宜居环境和创业氛围,符合优化生产力布局的规律。其次,特色小镇是试图破解浙江高端要素聚合度不够的重要抓手。特色小镇要求聚焦八大产业和历史经典产业,瞄准建成 3A级以上景区,突出文化内涵,强化社区功能,符合创业生态进化规律。良好的

---

① 定义源自 2016 年 10 月国家发展改革委发布的《关于加快美丽特色小(城)镇建设的指导意见》(发改规划〔2016〕2125 号)。

② 《关于加快特色小镇规划建设的指导意见》(浙政发〔2015〕8 号)。

产业生态、自然生态、政务生态、社会生态不仅使内在的发展动力得以充分释放，对外在的高端要素资源也形成强大的吸附力。再次，特色小镇是破解浙江城乡二元结构、改善人居环境的重要抓手，符合人的城市化规律。特色小镇强调在城市与乡村之间建设"产、城、人、文"四位一体的新型空间、新型社区。这是破解城乡二元结构的有效抓手，符合现代人既要在市场大潮中激情创新、又想在优美环境中诗意生活的追求。从2015年启动以来，浙江已建成2个省级特色小镇、106个省级特色小镇创建对象、64个省级特色小镇培育对象。

而行政意义上的"小城镇"则历史悠久。我国"镇"的名称最初出现于公元4世纪北魏时代，是小型军事据点。到宋代商品经济发达，镇成为商业和手工业较集中、县以下的市镇地方行政建制。新中国成立以来，1954年颁布的《中华人民共和国宪法》明确规定："县、自治县分为乡、民族乡、镇"，镇作为中国县辖基层政权建制被确定下来。1955年6月国务院颁发了《中华人民共和国关于设置市镇建制的决定和标准》，建制镇被规定为经省、自治区、直辖市批准的镇，其常住人口在2000人以上，其中非农业人口占50%。1984年国务院批转民政部《关于调整建镇标准的报告》中规定：县级地方国家机关所在地应设镇；总人口在2万人以下的乡、乡政府驻地非农业人口超过2000人的，可以建镇；总人口在2万人以上的乡、乡政府驻地非农业人口占全乡人口10%以上的，也可以建镇。少数民族地区，人口稀少的边远地区，山区和小型工矿区、小港口、风景旅游、边境口岸等地，非农业人口虽不足2000人，如确有必要，也可设镇。2016年我国建制乡镇级区划数共计39862个，其中20883个镇，10872个乡，8105个街道办事处。

根据以上概念界定，我们可以认为：特色小镇区域范围较"三农"背景下的建制镇明显缩小，以一个主导产业作为支撑，需要在2—3年内有一定数量的投资额度，吸纳一定数量的产业人口导入，是以单个"小镇+单个主导产业"的"小镇+"模式，是建制镇下单个"点"上的发展模式，以点来带动建制镇的发展。而特色小城镇则是"三农"背景下的建制镇，当然它可以在建制范围内由若干个非建制的块状经济特色小镇组成。比如上海金山区枫泾镇是拥有91.66平方公里的整建制特色小城镇,正在努力打造若干个基于产业为核心的非建制镇的块状特色小镇,是以若干个"某一核心产业要素+非建制小镇"所组成的"+小镇"模式,是以全领域、全社会为范围的小镇全面整体功能提升为最终目标。

(三)特色小(城)镇建设案例的样本选择

通过对全国部分特色小(城)镇规划建设管理情况进行国情调研,统筹地域、功能、特色三大重点,归纳梳理各具特色的发展模式,解剖分析存在问题与制约因素,因势利导提出政策建议,为推动经济转型升级和发展动能转换,促进大中小城市和小城镇协调发展,辐射带动新农村建设,推动城乡基本公共服务均等化和社会治理创新总结提炼可推广、可借鉴的经验启示。

1. 样本选取

小(城)镇发展与疏解大城市中心城区功能、与特色产业发展、与服务"三农"密切相关。因此,选取不同形态和功能的城镇,以镇区常住人口5万人以上的特大镇、镇区常住人口3万人以上的专业特色镇为重点,兼顾多类型多形态的特色小城镇,分类施策、分类调研。

2. 问卷调研

结合中国浦东干部学院的中央调训班次,对全国部分县(市、区)长进行问卷调查,发放问卷100份,收回96份,有效问卷96份。地理上兼顾中国不同区域,内容上着眼产城融合、人文宜居、绿色生态导向,关注新兴产业集聚、传统产业升级、体制机制灵活、人文气息浓厚、生态环境优美等特征,重点关注城镇发展哪些特色产业?产业培育发展是否是传统的开发区模式?以及特色小(城)镇培育建设中,是否存在政府大包大揽或过度举债,一哄而上现象?是否存在东施效颦、千镇一面,缺乏特色现象?是否以房地产为单一产业等?从宏观层面研究小城镇发展面临的主要问题和特色小城镇建设应加大的政策支持。

3.案例研究

2017年下半年至2018年上半年重点选择东中西部不同区域的特色小镇、特大镇、专业特色镇、偏远小城镇开展9个典型案例调查,优先调查已公布的403个特色小镇名单列表中所列城镇。围绕规划、建设、管理,对大城市周边的重点镇,主要考察是否加强与城市发展的统筹规划与功能配套,逐步发展成为卫星城;对具有特色资源、区位优势的小城镇,主要考察是否通过规划引导、市场运作,培育成为休闲旅游、商贸物流、智能制造、科技教育、民俗文化传承的专业特色镇;对远离中心城市的小城镇,主要考察是否完善基础设施和公共服务,发展成为服务农村、带动周边的综合性小城镇。

最终确定考察9个特色小(城)镇的建设情况,包括1个特色小镇——浙江龙游红木小镇,6个首批入选的中国特色小(城)镇——上海市金山区枫泾镇、广东茂名市电白区沙琅镇、江西南昌进贤县文港镇、四川泸州纳溪区大渡口镇、广西桂林恭城县莲花镇、新疆石河子总场北泉镇以及2个尚未列入名录的小城镇——安徽怀宁县石牌镇、湖北兴山县昭君小镇。

二、各具特色的特色小(城)镇建设实践

(一)浙江龙游红木小镇:浙江首批特色小镇创建对象

1.基本情况

龙游县地处浙江省中西部,县域总面积1143平方公里,辖6镇7乡2街道,人口40.4万人。龙游自古经商氛围浓厚,明清时期的龙游商帮是全国十大商帮之一,也是唯一以县域命名的商帮,被专家学者定性为"浙商之源"。先后获得国家级生态示范区、国家园林城市、省文明城市、省生态县、省新魅力之城、十年绿化浙江先进县、省美丽乡村先进县等百余项省级以上荣誉。

龙游红木小镇坐落在龙游湖镇郊区,按照5A级景区标准,以山水相依、村镇融合、产镇一体的思路进行整体规划建设。规划总面积3.5平方公里,建

筑总面积 300 万平方米,估算总投资 71.9 亿元。目的是将一块由老旧住宅和滩涂组成的脏乱差区块,建设成为集红木雕刻、工艺、家具、珍品、文化为一体的旅游小镇。龙游红木小镇于 2015 年 6 月列入浙江省首批 37 个特色小镇创建名单之一,先后被评为全省十大示范小镇、七大优秀特色小镇,入选全国优秀旅游项目、省文化产业示范基地、省特色小镇文化建设示范点,获得省产业融合创新奖。

整个小镇按照"制造基地+文化旅游+OTO+现代循环社区"模式建设,分为高端家居制造、红木文化园、木都商贸会展区、文化创意园 4 个功能区块,实现家具制造、文化创意、旅游休闲、商务服务、生态居住"五位一体"共享发展。小镇建成后,预计可实现年销售经营总收入 80 亿元以上,旅游集散人数 300万人次,新增就业岗位 1.5 万个。截至 2017 年 7 月底,小镇累计完成建筑面积 70 万平方米,形成有效投资 30 亿元,一期文化园紫檀宫、小镇客厅进入内装修阶段,沿江商贸木都区块主体工程完成 90%,制造基地 6 幢厂房均已结顶并进入招商阶段。

2017 年,红木小镇计划完成新增投资 9 亿元,确保"十一"试营业,2018年元旦正式开园。主要任务是三方面:一是 9 月底前完成文化园装修和布展,以及相应道路、绿化等基础设施配套,年底前完成环文化园水上线路建设;按照年度推进计划完成木都商贸会展区、吉恒家居厂房工程建设和加快旧厂房搬迁;启动吉恒家居配套住宅小区建设,推进水上灯光秀项目建设。二是与君澜酒店加强合作,引进高端家居制造、文化创意、旅游服务业等行业的品牌企业入驻,引入"互联网+营销"模式,丰富商业业态。三是对前期服务团队梳理出的小镇开园涉及办证、审批等 4 大类 17 项问题,按照任务到岗、责任到人的要求,实行精准化服务,销号式督办,确保小镇 5A 景区创建不走样。

2. 存在问题

一是建设资金存在缺口。在小镇建设过程中,龙游县对照省市指导意见,于 2016 年出台了用地、财政支持、制度改革、公共服务等方面的扶持意见;同时按照财综〔2016〕4 号文件要求,研究出台基础设施由国资公司购买服务方式融资 8 亿元,定向购买小镇路网、供水、供电、排水、通讯等设施的新举措;组织多家银行召开特色小镇融资需求对接会,向上争取政策支持;争取到第二批国家专项建设基金 1 亿元和省公建补助资金 1000 万元,有力助推红木小镇建设。但因小镇建设体量大、领域宽、周期长,对资金的需求大,初步测算,缺口资金在 30 亿元左右。金融机构虽对项目建设给予了极大支持,但在融资门槛设置方面,标准较高,要求更严,项目融资难的问题很突出。

二是基础设施改建较为迫切。小镇规划范围内有 2 条高压电网穿越,一条是 110 千伏石湖 1737 线,另一条是同杆双回 220 千伏石铁 2p97、窟铁 2p98 线,对小镇整体形象破坏较大,整体景观效果难以达到设计要求。目前龙游县已经初步设想了两套迁移方案,正在论证当中。但在推动该项工作存在两个沟通难点:第一个是 220 千伏和 110 千伏线路属省公司资产,市公司运行管理,迁改方案需要县政府委托市公司经研所进行设计,并通过市公司相关部门评审且获得省公司批准方能作为最终方案;第二个是该项目中 220 千伏线路属高铁牵引站的主供电电源,对此进行迁改涉及停电,需要与上海铁路局进行协商,工作难度较大。

三是产业融合需要提升。红木产业是传统的家居制造业,与旅游业融合度尚存提升空间,把红木的文化、制造融进旅游,需要思考更加有意蕴有深度的子项目,精准提炼核心主题,充实丰满文化旅游内涵。

3. 建议意见

一是加大要素供给力度。创新省级层面的小镇融资扶持政策,畅通企业贷款融资渠道,以支持小镇培育建设。对小镇旅游基础设施方面,如停车场、游客中心、道路管网等公建项目加大扶持力度。

二是加强专业人才储备。红木小镇是集产业制造、创意研发、金融服务等多方面人才的集聚地,对相关专业人才需求巨大,尤其是中高端人才引进,除企业自身的激励机制外,需要在杭州、上海等人才汇集地设立企业人才总部,需要与中国美院、浙江大学等高校院所建立产学研基地,需要省里在企业平台建设中给予人才资金、职称评定、生活保障等政策扶持嫁接,构建形成小镇专业人才引进培养机制,让特色小镇真正成为产业转型升级和服务业加快发展的新引擎。

三是指导小镇深化内涵。在小镇景区、高等级酒店、绿色饭店等品牌创建上加强沟通对接,给予大力支持。发挥省级层面智库云集、人才荟萃的独特优势,指导帮助小镇开展楹联诗词征集、高端文化植入、内涵品位提升等工作,将红木小镇打造成为精品示范工程。

(二)上海市金山区枫泾镇:"众创+古镇"特色小镇

1. 基本情况

上海金山区枫泾镇地处沪浙交界,是沪嘉杭科创走廊的重要节点,是主动接受上海中心城区和浙江省科创资源辐射的重要承载区,是南方各省市进入上海市的第一站,素有上海"西南门户"之称。镇域总面积 91.66 平方公里,现辖有 23 个行政村、9 个居委,全镇常住人口 10 万人。枫泾人文底蕴深厚,物产丰富,商贸繁荣,是上海首家中国历史文化名镇,也是上海首批国家级特色小镇。近年来,先后获得国家卫生镇、全国环境优美镇、全国文明镇等称号。2014 年,枫泾首度登上中国百强镇名单,排名第 66 位。"十二五"期间,枫泾镇成为金山区首个税收总量突破 20 亿元的街镇。从产业发展来看,枫泾特色产业布局逐步清晰,形成了以普睿玛为龙头的高端装备制造产业、以康迪为龙头的新能源与智联网汽车产业、以汉钟为龙头的关键基础部件产业、以金枫酒业为龙头的生命健康产业四大主导产业。

2017 年以来,枫泾镇制定了《枫泾镇"众创+古镇"特色小镇建设实施方案》,提出了"古镇更新、众创汇聚"的发展主题。明确了"核心区(含古镇区 1 平方公里、新镇区 2 平方公里、产业功能区 2 平方公里)、拓展区(产业转型区 10 平方公里)、延展区(乡村更新区 47 平方公里)"的梯次开发路径及以"古镇、产业、社区、乡村"为落脚点的四大更新领域。努力把枫泾建设成为"经济发展、产城融合,功能完备、服务便捷,生态宜人、和谐宜居,规模适度、城乡一体,人文传承、特色显著"的江南"美丽小镇",承载起人们幸福的生活和工作,打造令人向往的特色小镇。

(1)推进古镇更新,注重传承人文。重点把握①从观光旅游走向休闲度假旅游。融合古镇人文特色,以"多元复合、生态优美、主客共享、融合共生"为设计理念,重点打造"度假+休闲"精品民宿,形成富有人文风情的慢生活空间。②从古镇旅游走向全域旅游。打造以枫泾古镇为核心、乡村旅游为重点的大旅游格局,形成"乡村+古镇"高度融合的发展模式。结合上海科创中心建设,枫泾的目标群锁定在原住居民+游客+创客。

(2)推进产业更新,注重转型升级。重点把握①盘活闲置存量资源。以工业存量厂房为重点,加大盘活力度,以"厂房+路演"活动为载体,严格项目准入,加快新兴产业发展。②重点推进长三角路演中心建设,打造创新创业要素完备的功能性平台。发挥科创小镇的政策、资源聚焦叠加效应,把传统招商引资与服务企业方式转变为以平台为核心的新型招商与服务企业模式。着力使枫泾成为新兴产业的成长地。

(3)推进社区更新,注重功能改善。重点把握①完善基础性、功能性项目建设。加大"城中村"改造力度,加快推进公共基础设施建设,不断提升公共服务能级。围绕城市建设重心和资源配置向郊区倾斜,承接好中心区域功能疏解,着力使社区成为创新创业的汇聚地。②加强与毗邻地区联动。倡导基础共建、功能共享实现互惠发展、联动发展、互补发展,拓展开放发展新方向,着力使社区成为联动发展的共赢地。

(4)推进乡村更新,注重环境优化。重点把握"十个一"美丽乡村行动。完善农村基础设施建设,加强城乡公共服务统筹。创新农村社会管理,充实农村基层管理力量,提升农村社会管理水平。遵循乡村自身发展规律,加强农村环境建设和管理,聚焦重点地块持续加强农村环境综合治理,不断优化农村人居环境,着力使乡村成为城市生态的滋养地。

2. 存在问题

一是上海大都市周边小城镇建设过程中,在功能分工上缺少与中心城区、新城的统筹考虑、紧密联系和衔接互补,无法承接中心城区、新城的辐射和带动。

二是沪浙区域仍存在交通短板,缺乏城市轨道交通的连接,缺乏与大城市的联动发展,小城镇建设易成为孤岛,更无法承担功能分工。

三是资金问题一直是制约特色小镇发展的瓶颈问题。当前,社会资本参与特色小镇建设的积极性很高,但缺乏成熟的经验和可复制的模板,导致开发商放不开手脚,等待观望犹豫的情况不同程度地存在。

3. 建议意见

一是因地制宜实施"一镇一策"。由于各区的资源、环境和主导产业不尽相同,人口规模、产业基础、人文特色方面也存在不小差异,特色小镇发展的路径难以遵循同样的模式,各具特色、错位竞争的发展之路可能是更好的选择。地方政府应出台更具针对性的支持政策。

二是加大对交通基础设施建设的支持。建议补足沪浙区域交通短板,以既有的沪杭铁路为基础,改建为"上海南站—枫泾—浙江嘉善"城际快速铁路(R4),纳入全市轨道交通建设网络。完善枫泾对外交通网络,推进新兴公路向北延伸至叶新公路,加速对接G60科创走廊。

三是加大功能性项目建设的支持。利用城市功能疏解的契机,建议加快推动上海中医药大学附属龙华医院金山分院建设,推动与上海第二工业大学、美国劳瑞德教育集团合作筹建上海国际应用科技大学。

四是加大资金支持。建议在枫泾镇域范围内的财政收入上交市级财政部分,五年内全额返还,返还资金设立特色小镇建设专项基金,专项用于社会事业完善、产业功能提升、各类平台建设及机制体制创新等特色小镇建设项目,并以项目形式申请资金款项。

五是按照"市级指导、区级牵头、镇级协调"的原则,确定 PPP 合作模式和操作方案。建议上级职能部门加强业务指导,制定出台 PPP 合作模式和具体方案,便于基层操作执行。

(三)广东茂名电白区沙琅镇:中国龟都特色名镇

1. 基本情况

广东省茂名市电白区是广东省最大的市辖区,是茂名市辖区内唯一的一个沿海县级行政区,位于广东西南沿海。

沙琅镇位于电白区北部山区,沙琅江上游中心地带,地理位置依山傍水。2017 年沙琅镇进入第二批全国特色小镇名单。全镇总面积 89 平方公里,人口 10.4 万人,2016 年全镇 GDP 实现 17.2 亿元。近年来,沙琅以山水立城,以实干兴镇,先后荣膺全国重点镇、全国一村一品示范镇、全国造林绿化百佳镇、全国群众体育先进单位、中国养龟第一镇、中国石金钱龟之乡、广东省中心镇、广东宜居示范城镇、广东省新型城镇化 2511 工程综合试点镇、广东省村镇建设先进单位、广东名镇、广东省爱国卫生先进镇、广东教育强镇、茂名市文明镇等殊荣。

(1)沙琅立足"农业立镇、工业兴镇、积极壮大第三产业"的发展战略,大力发展第一和第三产业。目前,沙琅已形成了"一村一品"、南药种植和加工的产业格局,以果蔬批发,饮食娱乐、建材、服装零售为重点的传统服务业也不断壮大。尤其是该镇以养殖珍稀龟鳖为主产业,在全国享有一定的知名度,已成为沙琅的一大特色产业。经过 30 多年的发展,已形成龟鳖饲料批发、龟鳖幼苗养殖、龟鳖收购销售等产前、产中和产后综合配套的产业链。2016 年全镇农业经济总收入 9.71 亿元,其中珍稀龟鳖养殖业收入 3.3 亿元,占农业经济总收入的比重达到 34%;养殖户 6000 多户,占本镇农户的 30% 以上,龟鳖养殖户人均年收入 12000 元。同时,沙琅还成立专业的龟鳖养殖协会,以及两大龟鳖养殖专业合作社,入社养殖户 3500 户,培育了广东地区最大的石金钱龟养殖企业基地,其中石金钱龟幼苗的市场价格已成为全国龟鳖市场动态的风向标,谓称"中国养龟第一镇"、"中国石金钱龟之乡"。

(2)沙琅镇通过金龟产业园的建设,达到集约节约利用土地和带动城镇发展的目的;同时,以民生工程为主,实施了一批交通、水利、教育、文化、卫生、电力、通讯等基础设施和公共服务设施项目。如:新城公园、铜板岭龟态园升级改造,沙琅江两岸整治等,从而使沙琅镇的城镇面貌焕然一新、城镇环境舒适宜人。在农村方面,也通过村庄整治工程和农村清洁工程,提升了农村的人居环境。

(3)沙琅镇创建了17个村级文化室和2个民间曲艺和2个舞狮团,彰显特色的传统文化。沙琅连续十四年举办文化节,2017年"三月三"举办民俗文化节吸引了当地和周边县逾十万人次前来参加。传承文化有冼太夫人文化、荔枝文化、沉香文化等等,群众艺术有粤剧文化、舞狮表演等,古建筑有月朗口古民居等,群众文化传统基础牢固。

(4)沙琅镇具有便捷的服务设施。基础设施和公共服务设施是城镇发展、人民安居乐业的重要支撑,沙琅由于其地处电白北部区域中心位置,设施配置一向领先周边地区,而近年来其基础设施及公共服务配套设施建设进入了高速发展期。已形成体系完善、种类齐全、覆盖城乡的公共服务整体格局。

(5)沙琅镇探索用充满活力的体制机制,引领全镇发展,并积累了一些有益的经验,形成了一些适合城镇管理的制度措施。一是城镇规划建设管理方面,沙琅提出从制度建设与机构设置两方面入手,出台了加强沙琅镇国土及村镇规划管理工作办法,并成立了由30人组成的沙琅镇综合执法队,加强城区"六乱"整治。二是社会管理方面,沙琅以针对特定问题的专项工程形式推进民生工程建设,相继实施了教育创强工程、民生保障惠民工程、安全工程、安居工程及人居环境整治等一系列专项工程。三是经济发展模式方面,沙琅充分利用市、区政策支持,并注重引入企业,发挥市场主导作用采取一系列经济发展措施。如设立产业发展基金,扶持主导产业;采用"民间主动融资"模式,引进企业开发产业园区；加强与企业合作，与南方电网合作，改造升级农村电网；与环卫专业公司合作，购买环卫服务等。四是广东省、茂名市、电白区也相继出台了一系列政策，以支持特色小镇培育创建，这为沙琅进一步改革体制机制，加强特色小镇建设提供了有力支撑。

2. 存在问题

一是基础设施相对薄弱。电白区位于粤西地区，经济发展水平仍欠发达，小城镇的基础设施总量不足、不配套、不完善的情况依然存在，未能满足特色小镇培育要求，基础条件较差。

二是经费投入依然不足。尽管上级在项目基础设施投入方面给予一定的资金扶持，但特色小镇创建工作的资金缺口依然很大，特色小镇建设和农业产业融资政策还不够活，还导致一些产业、项目未能上马，无法投入建设或推进缓慢。

三是产业后劲支撑力不够强。小城镇的主导产业、关联产业相对薄弱，产业组织化程度较低，未能形成集聚效应，一些龙头企业产业链短，带动能力弱，规模效益不明显。

四是缺少建设用地指标。特色小城镇涉及建设用、租赁用地，而且用地面积比较大。但是国家宏观调控建设土地级使用增量，每年用地指标由各省分配到地级市，不分配到县（区）一级，用地指标的有限性，在一定程度上制约了特色小镇的创建进程。

3. 建议意见

一是加强顶层设计，制定特色小镇扶持政策。国家有关部门应通过制定产业政策，完善投资法规，健全投资服务，优化投资环境，充分运用税收、补贴、财政信贷等手段，吸引各类投资主体参与特色小镇的建设和发展。建议在道路硬化、污水处理厂建设、垃圾处理场建设、供水供电等基础设施建设和建设用地指标方面，加大对全国重点镇、省级重点中心镇和特色小镇的资金投入，促使其起到真正辐射带动周边发展作用。

二是完善特色小镇投入机制。按照"政府主导、政企分开、社会参与、市场化运作"原则,创新融资方式,建立以财政资金投入为导向,社会资金注入为主的多元化城镇投融资体制,特别要引导金融行业加入到特色小镇建设中来。按照"谁投资,谁受益"的市场经济原则,创建公平的市场竞争环境,鼓励乡贤老板回乡投资,鼓励各类资本自主投资基础设施建设,支持产业做大做强。中央、省级政府应将创建特色小镇扶持资金纳入财政预算,建立考评奖励资金,有力推动特色小城镇创建工作发展。

三是编制特色小镇长远规划。要根据地理区位、资源禀赋、产业发展、历史文化、民俗风情、农民实际需要等要素,科学编制特色小镇长远规划,合理安排产业平台、基础设施等,加强与国民经济和社会发展规划、新型城镇化发展规划和新农村建设规划的无缝衔接,确保规划能落地、可持续实施发展。

(四)安徽安庆怀宁县石牌镇:戏曲文化特色小镇

1. 基本情况

怀宁县地处安徽西南部,长江下游北岸,大别山南麓前沿,面积1276平方公里,人口70万人,辖20个乡镇243个村(社区)。怀宁历史悠久,人文荟萃,近现代有中国共产党主要创始人陈独秀,当代有"两弹元勋"邓稼先、著名诗人海子等,素有"戏曲之乡"、"教育之乡"的美誉。

怀宁县石牌镇是中国京剧、黄梅戏两大戏曲发源地,是闻名遐迩的"戏曲之乡"。"十二五"以来,怀宁县致力于唱响怀宁戏曲文化牌,打造"戏曲文化+旅游"产业,加快推进以戏曲文化为内核的特色小镇规划建设工作。

(1)强化规划建设管理。批准实施《石牌镇总体规划》,将石牌精准定位为怀宁县经济次中心、文化中心,做到目标可行、规模适宜;编制《石牌历史街区发展与保护规划》《石牌镇控制性规划》,使镇域科学有序建设,有效管控,并先行启动"多规合一"试点工作。

（2）创新社会管理服务。县政府出台小城镇建设奖励资金支持政策，结合石牌实际，在污水处理、城乡环卫、联勤等方面采用 PPP 模式以及政府购买服务方式，建立长效机制。实施城乡环卫保洁一体化工程。县政府每年安排 1000 万元城镇管理专项补助，县公安、交警、城管执法、市场监管等部门定期联合乡镇开展文明创建及综合整治行动，镇区联勤执法常态化。

（3）创新融资方式。县政府与安徽出版集团成立文旅公司，作为石牌戏曲文化特色小镇项目建设投资主体，负责项目组织实施。县政府出资成立怀宁县新型城镇化建设投资公司，负责组织实施石牌徽黄故里旅游配套设施建设等重大项目。

（4）培育壮大主导产业。发挥文化底蕴丰厚、人口密集、农副产品资源丰富的优势，重点培育发展文化旅游、商贸物流等产业，倾力打造小城镇产业板块和特色产业集群。全镇民间戏剧班社等戏曲表演机构达 20 余家，从业人员 700 余人，每年演出 1000 余场次，观众人数达 20 万，营业收入 2000 余万元。石牌新声黄梅戏剧团 1945 年成立，多次获中宣部、文化部表彰奖励。全镇从事戏服、盔帽制作及销售企业 30 余家，年营业收入 1500 余万元；曾为多代皇帝贡品的贡糕、贡面等特色产品经营企业 160 多家，主营业务收入 2 亿元，带动就业 4000 余人。线上企业消费品零售额突破 2 亿元，并保持 20% 以上的增幅。

（5）完善基础及公共服务设施。抓住坐落于石牌老县城国有和集体企业改制契机，全面加快土地收储利用工作。组织实施了 3000 套保障性住房和棚户区改造项目，启动了石牌戏曲文化特色小镇建设工程，石牌城区污水管网、皖河西堤加固、天然气加气站等一批重大项目正全力推进，道路、供水、供电、通信等基础设施进行了全面改造提升。全面完成了石牌镇区教育布局调整，高标准通过全国义务教育均衡发展验收；县医院石牌院区改制后成为二甲民营医院，服务质量不断提高。集镇区新建商业步行街 2 个、专业市场 2 个，新增大型超市 3 个。建立了麻塘湖养老服务中心。

（6）建立健全相关促进政策。全面落实农村土地确权登记工作，积极推进农村土地实现规模化、集约化经营，全镇土地流转面积达 5.4 万亩，占耕地总面积的 84.8%，促使大批农村劳动力从一家一户的分散低效益经营中解脱出来，从事其他产业。全面推行"一元化"户籍登记，建立城乡统一的户口迁移制度，放宽城镇落户条件，让城镇稳定就业和居住的农民有序转变为城镇居民。培育主导和特色产业，大量吸纳农村剩余劳动力到城镇就业，对这些转移就业人员，鼓励其在城镇购房落户，对暂不具备买房人员优先安置公租房，在就医、养老、子女上学等方面享受城镇居民同等政策。

2. 存在问题

一是镇域经济特别是文化经济缺乏龙头企业、大项目支撑，产业规模不大、质量效益不高；传统产业、分散经营企业占主导，经济实力较弱。

二是经济下行压力很大、实体经济经营困难、财政增收放缓、融资渠道收窄，投融资渠道不宽阔，吸纳社会资本能力有限，项目建设资金投入严重不足。

三是城镇区多数为老旧小区，拆旧建新不可避免，拆迁安置难度加大。

四是地方职权受限，责权利不一致，比如规划建设方面，审批许可权限层级鲜明，有些规划设计、方案需要县、市甚至省一级同意，需要进一步创新规划建设机制；县级以下财政支出范围广、配套多，事权与财权不匹配，道路及市政基础设施、老旧小区改造等民生工程资金压力巨大。

五是专业人才缺乏，工作力量明显不足，专业人才引用与激励、机关工作人员编制等机制严重滞后。

3. 建议意见

首先，支持地方拓宽融资渠道，努力破解资金瓶颈。一是在融资上积极创新。牢固树立经营城镇的理念，放宽民间资本准入领域，按照"谁投资、谁受益"的原则，通过 PPP、公有民营、民办公助等多种形式，吸引民间资本、社会资本投资参与小城镇基础设施、公共设施以及功能区的建设和运营。二是运作好土地市场。放宽土地市场管理政策，鼓励通过土地市场的运作，盘活小城镇建设资金。依照国家相关政策和规定，将集镇的各种土地全部收为国有，然后通过招拍挂的形式推向市场，为小城镇建设积累资金；也可以通过市场化运作方式，采取以土地置换项目等方法，利用社会和民间资本，建设好小城镇的公益事业，促进小城镇建设。三是上级财政予以适度扶持，一方面，将小城镇建设专项资金列入财政预算，根据财政状况合理确定资金拨付基数，重点支持市政基础设施建设；另一方面，提高地方税收返回比例，将土地出让金全部返还用于基础设施建设，切实增加小城镇可支配财力和自我发展能力。四是对全国重点镇、特色小城镇在相关项目上统筹安排，整合项目资金加大扶持力度。

其次，支持地方创新人才机制，大力引进培养人才。目前基层迫切需要一批思路宽、眼界宽、胸襟宽的"三宽型"干部和创新型干部。要进一步加强基层干部的教育培训，提高基层干部抓经济发展和统揽全局的本领；基层干部的选拔使用必要时要放宽政策，特殊岗位可打破身份界限、破格使用，对特殊人才可以破例引进。

再次，赋予地方更多的决策自主权，激发创新活力。区域内有关鼓励发展的优惠政策由地方根据有关规定，结合本地实际自行制定；鼓励和支持地方敢于突破政策、敢于创新做法，按照"三个有利于"的原则予以综合评判；建立容错机制，鼓励基层干部无私无畏，敢想敢试，创新创造。

（五）湖北宜昌兴山县昭君特色小镇：生态旅游文化镇

1.基本情况

兴山县位于湖北省西部，宜昌市西北部，与夷陵、秭归、巴东、保康、神农架接壤。国土面积2327平方公里，辖2乡6镇96个村（居），总人口16.88万人，农业人口12.9万人。

　　昭君特色小镇位于举世瞩目的三峡库区,东临世界水电旅游名城宜昌,西连巴东,南接世界文化名人屈原故里秭归,北枕世界自然遗产地神农架,是三峡工程建设前兴山县老县城所在地,原名高阳镇,有着长达 1012 年建镇历史,是四大美人之一民族团结使者王昭君的故乡,国土总面积 144.5 平方公里,现辖 11 个村(社区),常住人口 2.8 万人,因孕育出历史文化名人王昭君而享誉海内外。

　　2015 年来,兴山县编制了昭君特色小镇全域规划、空间规划、11 个中心村(社区)建设规划。未来的昭君特色小镇,将按照"昭君文化旅游目的地"、"大三峡大神农架生态旅游集散地"的总体定位,以昭君文化为龙头,以香溪河水系为轴线,做大做实昭君别院、昭君文化博览园、湿地公园和昭君风情城,建成全国知名的生态旅游文化特色小镇。

　　通过多渠道融资 5.5 亿元,昭君特色小镇完成了客货分流通道建设,打造了"最美水上公路"(古昭接线路),建成了昭君纪念馆、昭君别院。投资 5 亿元完成了特色小镇绿化、污水垃圾收集处理。投资 0.5 亿元启动香溪河生态廊道建设项目,建成音乐喷泉和亮化景观工程。特色小镇自来水供水普及率、水质达标率、生活垃圾无害化处理率、生活污水达标排放率均达到 100%。投资 7 亿元的昭君文化博览园二期即将竣工营业,投资 7.5 亿元的昭君物流园、昭君绕城公路、昭君别院三期、汉关古建筑群、房屋改造二期等工程已开工建设。目前,中国城市规划设计研究院正在对昭君特色小镇进行城市设计,通过规划休闲生态廊道、水上乐园、游客购物餐饮一条街建设,将昭君别院、昭君文化博览园、湿地公园、昭君风情城连为一体。

　　依据昭君镇总体规划,昭君特色小镇项目规划区域面积约 2 平方公里,建设用地 0.67 平方公里左右,近期计划总投资 33.5 亿元,资金来源为整合各类项目资金 5 亿元,投资企业自筹 5 亿元,引入社会投资 5.5 亿元,金融贷款 18 亿元。

兴山县昭君特色小镇近期重点工程一览表

项目名称	建设性质	建设内容和规模	建设起止年限	总投资（亿元）
香溪河生态廊道	新建	修复香溪河河道 8 公里及景观绿化等。	2017—2018	0.5
昭君物流园	新建	占地 300 亩,建设仓储、综合市场,完善配套设施。	2017—2018	1
昭君绕城公路	新建	新建 16.28 公里镇外环线,完善疏解功能,实现客货分流。	2017—2018	4
房屋改造二期	新建	域内居民房屋外立面风貌改造,居住环境综合治理。	2017—2018	0.5
昭君别院三期	新建	房屋改造,停车场等基础设施建设。	2017—2018	1
昭君文化博览园二期	新建	完善景区基础设施,提档升级旅游景点及周边环境风貌改造。	2017—2019	7
湿地公园	新建	建设"三坝两桥",湿地生态修复,水上乐园。	2017—2020	4
汉关古建筑群	新建	建设汉代城墙、城楼。	2017—2018	0.5
古遗址保护及修复	新建	高阳城遗址、东汉县衙遗址、李来亨抗清遗址、巴人洞穴等遗迹修复、保护。	2017—2020	1
昭君风情城	新建	完善基础设施,建设神农文化、巴人文化展示馆,昭君文化、楚文化、土家文化三条体验街。	2018—2020	13.5
游客集散中心	新建	建设停车场、候车室、游客接待中心等设施。	2019—2020	0.5
合 计				33.5

到 2020 年,昭君特色小镇建成投入运营后,项目通过住宿、餐饮、休闲、门票和果园采摘、农耕生活体验以及举办文化节等活动实现经营性收入,按贷款期 20 年、年均接纳游客 500 万人次计算,年可实现营业收入 10.8 亿元,扣减总成本费用及相关税费 8.54 亿元,年可实现净利润 2.26 亿元,带动旅游综合收入 10 亿元以上,项目投资收益率 7.99%,投资回收周期约 15 年。同时,可提供就业岗位 3000 多个,带动 5000 多户农户受益。

2. 存在问题

一是资金不足。昭君特色小镇建设投资大,回收周期长,缺乏国家投入的大项目支持带动,加上本级财力有限,配套资金投入难以完全保障,势必影响建设进度。

二是人才匮乏。小城镇要快速发展,需要组建一个高标准的集规划、建设、管理的专业团队,提高建设标准、档次和品味。

三是业态偏少。目前,围绕特色小镇规划更多的是基础设施项目和景点改造项目,反映长远发展的业态项目不多,缺乏特色小镇的内生动力。

3. 建议意见

一是进行高起点规划。需要高标准且适合地方特色的精准谋划小镇产业功能、规划建设和未来发展,形成多规合一的规划体系,引领和指导小镇的建设。

二是完善建设推进机制。一方面政府要加强领导,无论是从宏观规划、还是创建部署,包括政策的出台、资金的筹措、建设过程中的质量安全等,都要高度重视并研究部署和检查督办到位。另一方面要出台针对性的政策,比如特色小镇的项目资金的整合、人才引进、建设管理办法、招商引资政策等。

三是鼓励改革创新探索。特色小镇建设目前尚属新的发展理念和建设方式,没有成熟的、标准化的可复制的经验,所以要突出"特色"二字,必须充分挖掘新东西,创新新办法,要改革、创新,出台创新奖励政策,奖励人才、奖励创新,实行容错机制。

四是多元化方式建设。特色小镇建设方式要走市场化道路,采用"政府搭台、企业建设、社会参与、市场运作"方式,可运用PPP模式、"政企合作、联动建设"、"企业主体、政府服务"等多种模式进行合作。政府负责做好项目区域内基础设施、公共服务、政策保障、招商引资等服务性工作,企业负责项目区产业定位、规划、融资、建设、管理运营等工作。

五是多渠道整合建设资金。特色小镇创建必须以系列项目建设为支撑,整合项目资金是必由之路。通过整合可以形成大的拼盘资金，作出有特色和质量的项目，避免各自为政导致的不成体系和规模、浪费资金问题。要成立综合协调机构，对可整合的资源和基金进行通盘考虑，与规划建设任务对接，做到建设资金整合、调度的科学性。

（六）江西南昌进贤县文港镇：笔都文化特色小镇

1. 基本情况

进贤县位于江西省中部、鄱阳湖南岸，是南昌市东大门，辖 21 个乡镇，人口 86 万人，县域面积 1971 平方公里，"三山三水三分田，一分道路和庄园"，素有"鱼米之乡"的美誉。

进贤县文港镇位于江西省进贤县西南部，是一座有着深厚文化底蕴的历史文化名镇，是北宋宰相、著名词人、散文家和教育家晏殊的故里，被誉为华夏笔都、中国毛笔之乡。2016 年，毛笔占全国 75%的市场份额，金属笔占全国 30%的市场份额。文港拥有大量古建筑群、古村落等历史文化资源。近年来，文港镇适应新型城镇化的新要求，牢牢抓住南昌市特色小镇建设示范镇的重大机遇，紧紧围绕"文化名镇、商贸重镇、产业强镇、旅游新镇"目标定位，丰富文化内涵，彰显文化特色，着力提质升级，初步探索出了一条"以产兴城、以城聚产、产城人文融合"发展的特色小镇建设之路，入选第一批中国特色小镇。主要做法如下。

（1）走内涵发展之路。一是城镇规模适度扩张。根据文港镇的现有条件和发展趋势，科学制定城镇发展规划，城区面积由 2010 年的 2.5 平方公里扩大到 2017 年的 6.8 平方公里，常住人口达 3.2 万人，城镇化水平达到 61%。二是城镇功能更加完善。采用"一渠（东干渠）两岸三区"的布局理念，总体形成"一渠为核、两岸引领、三区并进（规划建设了生活区、工业区、商贸旅游区）"的格局，着力营造"小桥流水人家"的江南水乡意境。"一渠两岸"：就是围绕东干渠两岸规划建设文化产业特色街。三是承载能力更加增强。加大地下管网、垃圾处理、污水处理、公共设施等城镇基础设施建设,使基础设施建设与城镇规模扩张、功能完善、人口增加、消费升级相适应、相匹配。四是城镇面貌更加靓丽。突出文港的地域特色和文化特质,着力改变千篇一律、千城一面的弊端,使徽派建筑成为文港的特色和风格。先后规划建设了文化产业街、中国毛笔文化博物馆、钢笔展示馆、文房四宝交易市场、晏殊文化广场;同时,对晏殊大道、文港大道街景立面改造提升,对燕归北路、笔都路进行综合改造提升。初步使文港成为一个"看得见山水、摸得到文化、记得住乡愁"的魅力城镇。

(2)强产业发展之基。一是优化空间布局,为产业加速扩张搭台。重点打造规划占地 2 平方公里制笔及相关文化用品产业基地,占地 2000 亩的文化产业园,促进文港特色优势产业实现集约发展、聚集发展。二是大举招商引资,为产业做大做强助力。近年来,上海英雄(集团)有限公司、上海实业马利画材有限公司、上海豪利来笔业有限公司、上海周虎臣曹素功笔墨有限公司等知名企业纷纷落户文港。文港制笔业解决了 2.2 万农村富余劳动力就业,吸引了外地 6000 余人前来务工经商,5100 多家销售网点遍布全国,全镇农村富余劳动力基本实现"创业不离乡"。三是实施"互联网+"战略,为产业二次腾飞添翼。注重电子商务发展,实现了传统的制笔产业与现代的互联网营销的无缝对接。目前,文港镇电商已发展到 1200 余家,2016 年实现销售收入 5.98 亿元,"淘宝小镇"初具雏形,为文化用品产业二次腾飞增添了翅膀。

(3)铸区域文化之魂。一是弘扬传统文化,重点打造晏殊故里沙河村、中国毛笔文化第一村周坊村、曾湾村三大传统村落。二是弘扬笔文化,注重搜集文物、保护文脉、传承技艺、弘扬民族文化精神,荣获"中国毛笔文化之乡"荣誉称号。三是弘扬工匠文化,举办首届华夏笔都清风笔会,连续开展了三届书法家"走进文港、品写毛笔"活动,着力抓好了大师工作室建设、非遗传承人培养、毛笔制作技艺人才培训,并开展了文化沙龙和毛笔制作技能评比活动等。

（4）展生态绿色之美。文港的制笔业曾经是一个重度污染的产业，为处理好产业发展与保护环境的关系，文港镇坚持"生态立镇、绿色发展"的思路，规划投资 4.6 亿元，建设占地 300 亩、建筑面积 15 万平方米的电镀集控城。目前，已建成 4 栋标准厂房，12 家企业入驻生产。电镀集控城建设，不仅较好地解决了制笔业的污染问题，而且极大地吸引了全国各地的电镀企业前来投资兴业，较好的探索了一条发展与环保双赢的新路子。投资 2000 万元，着力推进了生活污水管理网及配套建设，与此同时，加大垃圾无害化处理、污水处理等环保工作力度，每年增加投资 60 多万元，实施"绿色文港"工程，进一步提高造林绿化水平，致力于建设一个山青、水绿、天蓝、城美、业旺的新文港。

（5）求体制机制之活。一是规范农民建房。出台了文港镇规范农民建房的实施意见，使农民建房有法可依、有章可循。二是坚持市场为要。引导镇政府购买环境卫生服务外包，实施城乡环境卫生市场化运作，城镇环境卫生水平得到大力提升。三是创新融资机制。探索建立政府主导、农民主体的多元投入机制。采用 PPP 模式建设文港镇再就业服务中心；四是建立行业协会。推动建立了文港制笔协会、文港文房四宝协会，组建了进贤县文化产业协会，引领产业发展。五是建立志愿协会。该镇成立了 360 余人的志愿者队伍，调动了人民群众参与城镇建设管理的积极性。

2. 存在问题

一是规划编制存在短板，特色元素不明。特色小镇建设规划目前仍处于摸索、试点阶段，规划体系不全，规划的前瞻性和协调性不够，现有规划没有达到"多规合一"，没有形成科学、完善的规划体系。出现了先建设、后规划或边建设、边规划，建设牵着规划走的不科学现象，导致布局不合理、功能定位不清，导致低水平重复建设、总面积偏大，不符合特色小镇"小、精、强、美"的特征要求。尤其是核心区块不够确定、特色形象不够突出，没有明确的"小镇客厅"，缺乏能够彰显小镇特有文化元素的建筑外观、生态绿地和社区配套等。

二是产业支撑存在短板，创新能力不足。产业特而不强，总量不大，规模偏小,价值含量和附加值不高,也没有形成品牌效应和辐射带动效应,特色产业培育发展仍然任重道远,产镇互促共生、融合发展的生动局面远未形成。基于传统产业集聚区转型发展的特色小镇,囿于多年以来企业小、低、散的问题制约,很难在短时间内实现"华丽转身"。尽管积极落实"大众创业、万众创新"的政策措施,建立了众创空间等创新创业平台,但与传统产业、原有企业结合不够紧密,"引爆力"不足。

三是运营主体存在短板,龙头企业不多。特色小镇的运营要求以市场为主体,但目前的状况是"政府热、企业冷"。政府投资、政府招商的主体地位没有大的改观。缺少一两个实力雄厚的领军企业作为核心,围绕优势产业开展产业链招商、公共配套等活动。

四是要素保障存在短板,创建进度不快。首先是资金,要补齐乡镇基础设施和公共服务短板,就需要有较大的投入。但是当前乡镇建设资金筹资渠道过于单一,地方融资平台作用有限,县乡两级可用财力不足,影响了项目推进的效率;其次是土地,国家实现严格的耕地保护政策,土地指标来源少。目前,大部分土地属于村组集体所有或承包到农户,征地困难,难于进行统筹调剂,制约土地供给进度;最后是人才,以80、90后的优秀人才对工作环境要求较高,县(区)一级由于产业基础薄弱、区位优势不明显、配套设施不完善,对行业领军人才、核心团队吸引力不足。现阶段,特色产业培育、项目运营管理上缺乏经验丰富的专业人才,已经成为特色小镇建设的瓶颈。

3.建议意见

一是在产业定位上,力求"特而强",而不是"大而全"。特色是小镇的核心元素,产业特色是重中之重。不能"百镇一面"、同质竞争。即便主攻同一产业,也要差异定位、细分领域、错位发展,不能丧失独特性。文港镇特色就是毛笔,但文港镇的毛笔名气还是不够大,行业参差不齐。需要整合行业龙头单位,作出一批响亮的牌子,有品牌就有名气,有品牌就有效益。将请一批行家里手,顶层设计好文港的特色产业、特色旅游等路径,避免重复建设。

二是在功能叠加上，力求"聚而合"，而不是"散而弱"。"产业园＋风景区＋文化馆、博物馆"的大拼盘不是特色小镇；文港镇希望建成有山有水有人文，让人愿意留下来创业和生活的特色小镇。同时让文化和旅游相结合，做到聚合起来有优势，融合起来有特色，"人无我有，人有我优"。

三是在建设形态上，力求"精而美"，而不是"大而广"，力求做到"一镇一风格"。特色小镇建设要根据当地地形地貌，做好整体规划和形象设计，建设"高颜值"小镇。规划空间要集中连片，从小镇功能定位出发，强化建筑风格的个性设计，系统规划品牌打造、市场营销和形象塑造，让传统与现代、历史与时尚、自然与人文完美结合。

（七）四川泸州纳溪区大渡口镇：中国酒镇·酒庄

1. 基本情况

泸州市纳溪区位于四川南缘，地处长江上游经济带、成渝经济区、川南城市群，是"中国白酒金三角"核心腹地、"酒城泸州"三大核心城区之一。全域1150 平方公里，辖 12 个镇、3 个街道，总人口 50 万。纳溪区酿酒历史悠久，是全国浓香型和清香型白酒原酒主要生产基地之一。纳溪区 2012 年在全省率先提出"一镇一产业，产业有特色"的小城镇发展思路，坚持"就近就地、宜居宜业、三产融合、城乡一体"在镇域经济发展基础上，形成"主导产业突出、空间发展有序、带动能力强劲"的新型城镇化格局，大渡口镇成功列入"全国首批特色小镇"，是全国重点镇、全国建制镇示范试点镇，力争为长江上游和西部丘区提供可借鉴推广的模式。

大渡口镇全镇幅员面积 129.6 平方公里，总人口 4.1 万人，北接长江、东西介于泸州和宜宾之间，宜泸渝高速、308 省道穿境而过。近年来，大渡口镇利用丰富的自然资源和得天独厚的旅游资源，突出"三个聚焦"，努力打造带动能力强劲的特色小镇示范样板。

一是聚焦白酒产业，打造特色酒庄。打造集新型工业、文化旅游、生态建设等于一体的"中国酒镇·酒庄",先后建成了龙洄、活之酿等 12 个特色酒庄,加快推进顺成和、纳贡等 15 个酒庄项目建设,推出了龙洄庄园橡木桶、儒法堂 N 度、泥裹酒等 25 款酒品。截至目前,全镇聚集发展酒类企业 73 家,可提供就业岗位 2 万个。

二是聚焦旅游产业,打造特色景区。围绕四川构建现代旅游产业体系,做活酒主体、突出湖资源、整合乡村游,推动旅游业与一、二产业深度融合。成功打造花天酒地和凤凰湖两个国家 4A 级旅游景区,年接待游客达 50 万人次,旅游综合收入突破 5000 万元,提供就业岗位 1000 个,带动发展农家乐 110 家,周边农民人均增收 8000 元。

三是聚焦产业联动,打造特色小镇。按照建设"生态循环经济产业园"模式,积极探索"工业反哺农业、三产良性互动"的绿色新型城镇化发展路径,引导第二产业直接反哺第一产业,引导第二产业带动第三产业,筑牢了大渡口特色小城镇可持续发展的坚定基石。以"中国酒镇·酒庄"为例,通过打造集新型工业、文化旅游、集镇开发、生态建设于一体的模式,赋予传统白酒产业全新业态,昔日的小水沟变成了西南远近闻名的"花田酒地"国家 4A 级景区,单日最高接待游客达 3 万人;灰瓦红砖的旧厂房,被改造成了主题酒店、特色餐厅、酒吧一条街,原生态生活风貌重新展现在游客面前。三是推进"三产循环"。按照建设"生态循环经济产业园"模式,推动形成"工业反哺农业、三产良性互动"的绿色新型城镇化发展路径。依托各镇特色产业优势,探索出"高粱种植—酿酒—酒糟—养殖—沼气—肥料—再到高粱种植"、"楠竹—家私—食用菌—家禽养殖—楠竹"等产业循环链条;同时,通过"订单种植"、"优价收购"等方式,作为第二产业直接反哺了第一产业;下游延伸至第三产业,通过建设酒庄、茶庄、柚庄、竹种园等,融合山、水、田、园等景观,形成"观光休闲游—主题游—农耕体验游"的良性互动。

四是完善城镇功能。在全省率先实施乡镇层面"多规合一",形成了以长江湿地新城为统揽,大渡口"全国建制镇示范试点"、护国"区域中心小城市"、白节"中国特色生态旅游镇"等特色集镇竞相发展的格局。牢牢把握"人的城镇化"核心，突出城镇宜居、宜业、宜游三大功能，以"全域旅游"串联长湿新城、人文老城和特色镇村建设，建成景区(景点)、教育、医疗等公共配套不断完善，一批以酒文化、茶文化、现代农业为主题的"指尖小镇"和"历史文化名村"、"传统村落民居"加快打造，形成了景在城中、城在景中、山—水—城相宜的城镇发展格局。

2. 存在问题

一是要素紧缺问题。特色小镇打造，包括城镇产业、基础、能源、通讯、安全等功能建设，归根结底要靠土地和资金来落实。就目前而言，从中央到省市针对特色小镇建设设立了专项资金，但紧紧依靠财政资金不足以支撑，加之企业对集镇基础设施等非盈利项目积极性不高，打造特色小镇的资金难题没有得到缓解。此外，上级对特色小镇建设暂时没有专项建设用地指标，加之环境资源约束，导致部分引进项目无法落地。

二是项目手续过于烦琐。政府投资类项目因办理要求高，政策要求严格，前期手续众多，一套程序完整走下来少则半年多则数年，一定程度影响了项目推进。虽然各级都在开展简政放权，但曾经一段时间行政权力下放过程中出现了放责不放权、放权不放人等问题。

三是集镇特色提炼不够。在当前特色小镇打造过程中，对形象颜值关注多，对文化内涵提炼少，镇域范围内难以形成文化共识和价值认同，导致企业进入而不融入，群众关注而不关心，不利于镇域统筹发展，也不利于特色小镇的打造。

3. 建议意见

一是抓要素服务，实现产业强镇。特色小镇发展首要是产业，尤其是产业链和产业配套体系建设需要从总体规划上予以把控。因此，可以引进能够跨行业、跨领域、跨专业满足特色小镇打造需求的企业，通过 1+1+N(即一个镇只引进一家综合服务领域龙头企业，授权龙头企业对接投资市场所有进入企业)方式,解决规划、要素统筹难问题。纳溪区通过与泸州老窖公司发起成立的泸州白酒庄园投资公司,帮助大渡口镇引进多家投资企业,同时以产业规划统揽了大渡口镇集镇规划修编。

二是抓公共服务,实现功能立镇。特色小镇必须解决好公共服务保障问题,包括为群众提供便捷的政务服务;推进镇区水、电、气、路、网和公共运输等实现全域覆盖;确保镇区"三废"处理率达到100%;依托通讯基础设施建设,推动特色小镇的智慧化管理;构建本地乡土文化和形象标识系统,搭建文艺交流阵地和平台,培育当地群众的文化归属感和价值认同感。

三是抓政务服务,实现权力兴镇。乡镇管理是"上面千条线、下面一根针",因此,需要更多的行政审批放权,以及更多自主管理的权限,一方面是为了灵活施策、提高效率,另一方面也是为了确保乡镇一级在与龙头企业合作过程中拥有更多主动权、决策权。纳溪在这一方面也进行了探索,在支持大渡口镇开展全国特色小镇建设过程中,区为其下放了36项行权,镇财力区本级留成全部用于支持特色小镇打造,镇党委书记由区委常委兼任,为镇域经济、集镇建设提供了高效有力的环境。

(八)广西桂林恭城县莲花镇:中国月柿小镇

1.基本情况

恭城位于广西东北部、桂林市东南部,全县总面积2149平方公里,辖5镇4乡117个行政村,总人口30万人,其中瑶族人口约占60%,是一个瑶、汉、壮等多民族聚居的少数民族山区县。恭城地处楚尾粤头,自古为中原进入岭南地区的交通要道,中原文化与岭南文化在这里相互交融、交相辉映,境内文物古迹众多,人文积淀深厚。

恭城"三位一体"生态农业成效显著,沼气入户率89.6%,种植月柿、柑橙等水果48万多亩,年产量80多万吨,森林覆盖率81%,大气环境质量达到一级标准,饮用水源、水质达到国家二类标准,获得全国生态农业示范县、国家级可持续发展示范区、中国月柿之乡、中国长寿之乡等荣誉称号。

恭城县莲花镇入选第一批中国特色小镇名单。以"月柿小镇"为主题的恭城特色小镇建设正在有序实施。

（1）完成策划方案修改。进一步明确莲花镇特色小镇着重要在月柿产业链的延伸上下功夫,突出发展上游产业的研发和下游产业的深加工,不断强化产业链集聚能力,突出月柿的功效,落实完善镇区功能。以红岩生态体验区、月柿生态农业园、宜居小镇及综合服务园、月柿高新产业示范园、瑶族民俗体验园等五个功能区构成,项目投资规模约43亿元。

（2）规划设计有序推进。恭城县和广西城乡规划设计院联合编制完成了《恭城县莲花镇—中国月柿小镇规划设计方案》,系统谋划小镇的发展策略、制定空间布局方案、提出小镇发展的机制体制,以构建科学完善的月柿产业链条、塑造具有地方民族文化内涵的特色风貌、完善镇基础设施和公共服务设施创建宜居环境、从而指导未来小镇的具体建设。

（3）着手实施部分项目。通过向上争取项目、招商引资等多种途径,特色小镇相关项目建设有效推进。目前,涉及特色小镇相关工作共同推进的项目有:投入1500多万完成了集镇主干道道路改扩建及绿化、美化工程;投入500万元的民族风情街建设已完成一期工程建设;完成红岩4A级景区规划设计,柿子博览园项目的选址、规划设计工作等前期工作,生态农业采摘园已完成租地200亩,种下20多个品种的"新奇特"水果;自治区级"甜蜜柿业"农业核心示范区创建工作已完成并验收;签订了"红岩生态农业公园4A级景区"、"瑶寨民族风情乐园"2个项目投资框架协议;投资2亿元的全县农村生活污水处理工程已开工建设。

2.存在问题

一是财政收支矛盾突出。特色小镇建设资金庞大,县级财力有限,无法满足特色小镇建设资金需求。2016年,恭城县财政收入仅为5.16亿元,支出就达21.5亿元,仅靠上级转移支付解决一般性支出,无法在特色小镇方面投入更多的财政资金。

二是融资难度不断加大。特色小镇建设不能像过去的城镇开发那样，通过土地运作筹措建设资金，也使很多以房地产开发为目的的投资商失去了兴趣。另一方面，国家逐步严格管控地方债增长，政府融资渠道不断收窄。

三是现有产业基础薄弱。莲花镇虽然月柿种植面积达 12 万亩，但其产业的管理集约化、生产有机化程度有待提高；该镇的月柿加工企业众多，但普遍存在生产规模小、技术含量不高、产品品种单一等问题；月柿产业与旅游产业的结合还处于简单的农家乐式初级配合，无法形成 1+1 ＞ 2 的产业融合效果。

3. 建议意见

一是尽快出台特色小镇金融扶持政策。根据国家住建部的规划，首批特色小镇要在"2020 年，努力实现小城镇承载能力有较大幅度的提高，居住人口有较大幅度的提高，镇容镇貌有较大幅度的提高，努力推动全国小城镇再迈上一个新台阶"，目前仅有不到 3 年的时间，尽快出台特色小镇金融扶持政策，可以及时解决建设的融资问题。

二是充分发挥知名企业在特色小镇建设中的作用。在国家扩内需的政策下，一些全国性知名企业、国有大型企业有实力、有能力、有愿望进入特色小镇这类有潜力的投资标的上来，而知名企业的实力和品牌知名度又可以使特色小镇的特色更鲜明、品牌知名度迅速提高。

三是允许特色小镇扶持政策辐射一定范围。以莲花特色小镇为例，对接粤港澳最大的游客来源窗口是位于小镇以北 15 公里、属恭城平安乡管辖的贵广高铁恭城站；高速公路最近匝口是位于小镇西北 15 公里、属恭城镇管辖。无论是在小镇基础设施完善，还是在产业融合、产城融合方面，都需要特色小镇扶持政策能够辐射一定范围，建议辐射的范围为：以特色小镇为中心，所在县区 20 公里以内的区域。

(九)新疆石河子总场北泉镇:中国军垦第一镇

1. 基本情况

石河子总场北泉镇位于天山北麓、准噶尔盆地南缘、玛纳斯河西岸、军垦新城——石河子市北郊,地处自治区重点开发建设的"天山北坡经济带"和新疆经济最活跃的乌鲁木齐、克拉玛依、乌苏之间的"金三角"中心区域,南距"亚欧大陆桥"的石河子火车站和乌伊(乌鲁木齐至伊宁)高速公路仅9公里,东距乌鲁木齐国际机场130公里且有高速公路相连,G312、S201、S204三条高等级公路分别横越场南北两端和纵贯全场南北,场镇居位优势十分明显。

石河子总场成立于1950年,1999年经国务院民政部和自治区人民政府批准,正式成立北泉镇人民政府,和石河子总场实行场镇合一的特殊管理体制,是兵团第一个建制镇。场镇区域总面积475.76平方公里(其中北泉镇195.2平方公里);耕地面积23.5万亩;人口10万人;辖区内两镇、三集、50个基层连队(站)、文教卫生等24个行政事业单位以及772家民营企业、3806家个体工商户,银行、税务等23家驻镇单位。同时建设有国家级农业高新技术园区、自治区级北泉乡镇工业园区、八师团场工业园区。2016年场镇实现生产总值59.6亿元;产业结构为19.3:34.4:46.3。

作为新疆生产建设兵团最早批复的县级建制镇,北泉镇既是国务院11个部委的全国小城镇综合改革试点镇,又是联合国开发计划署可持续发展中国项目试点镇。2015年,北泉镇又被国家发改委等部委列为全国第二批新型城镇化综合试点镇;2016年5月,石总场又被国家发改委等列为首批全国农村产业融合示范县,10月,北泉镇因其"特色鲜明的产业形态、和谐宜居的美丽环境、便捷完善的设施服务、彰显特色的传统文化和充满活力的体制机制",被国家住房城乡建设部、国家发改委、财政部等推荐为全兵团唯一入选的首批全国特色小镇。

作为入选中国首批127个特色小镇中兵团唯一入选的特色小镇,场镇党委迅速启动了特色小城镇建设的相关工作。

一是拟定《北泉镇特色小城镇建设实施方案》，初步提出北泉镇特色小城镇建设的目标、原则、建设思路、保障措施等，确定"中国军垦第一镇"的特色定位。并且强化规划的引领与指导，坚持规划先行，委托上海同济城市规划设计院编制了《北泉镇特色小镇建设规划》，按照"中国军垦第一镇"的特色定位，从认知北泉、谋划北泉、核心区城市设计、特色小镇建设项目库及重点节点规划景观方案等方面进行了特色小镇总体规划设计，充分挖掘场镇"美丽资源"，并将其变为"美丽经济"，彰显独具特色的军垦历史与知青文化，建设"军垦强镇、北方泉都"。

二是不断细化重点项目的专项方案设计，积极推进特色小镇项目实施，编制并上报了北泉镇 2017 年特色小镇 12 个重点项目的建设，截至 2017 年 9 月，北泉镇植物园、镇区北入口景观建设、石莫公路沿线绿化景观改造项目已完工。44 度红酒之都已完成土地使用权的批复；田园综合体项目正在招商中。镇区南大门建设正在进行钢结构制作；北泉路军垦历史文化街区改造（一段）建设项目、大连路、北京路景观提升改造工程、文化广场景观提升与环境整治项目、第二中学新建项目、光明路都在施工过程中。生态健身步道已完成选线、地勘、测量、方案等前期工作，采用 PPP 模式建设，并计划纳入中水六局按 PPP 模式建设的北湖生态开发项目中。

三是不断加强特色小镇项目的入库申报与推介，为大力推进商业金融支持小城镇建设，住建部与国开行、建设银行签署《共同推进小城镇建设战略合作框架协议》，场镇积极申报建设项目入库，已与建行完成初步对接，并赴北京等地开展特色小镇招商推介工作，为项目建设提供资金平台。

2. 存在问题

一是财力不足。北泉镇作为兵团最早的建制镇，与内地发达地区的特色镇相比，北泉镇缺乏有实力的企业，辖区内规模以上工业企业仅 19 家，产业聚焦能力较弱，税源性项目少、规模小，直接反映在本级财政集聚财力的能力较弱,财力短缺致使北泉镇的财力主要用于财政刚性支出,能够拿出来用于发展的财力十分有限。同时,城镇发展自身可以做主的政策工具、资金支持十分有限,在申报专项建设基金过程中,审批时间很长,在具体项目执行过程中,3P项目操作不易。城镇发展中可借力、借势的余地不大,很难成为战略投资者关注的重点,致使北泉镇在特色小城镇建设过程中活力不足,外部要素参与北泉镇城镇发展的动力不足。

二是北泉镇城镇的基础设施和公共服务较为欠缺。目前小城镇的道路、电力等基础设施已有很大改善,但是基础设施建设比较滞后,美化、亮化、绿化、特色化不足,特别在垃圾收集转运、污水处理、道路交通等方面还存在很大缺陷,比如,北泉镇还有10.5公里镇区道路需要修缮,10.8公里通连(村)公路需要进一步提升改建;近4公里给排水管网需要完善;四个综合性社区服务站没有资金建设;投资3000万元的周总理纪念碑知青馆建设和10公里的景观步道没有建设资金来源;一座九年义务教育制学校和大型幼儿园正在建设过程中,财力支持力度很小,公共设施水平较低,不能满足大量人口本地城镇化的需求。

3. 建议意见

一是建议省、自治区一级加大专项资金支持力度,比如,四川省省财政3年安排专项资金15亿元,整合专项资金近5亿元,通过"以奖代补"竞争机制对小城镇基础设施资金配套。陕西省从2016年到2020年,省财政给予每个省级重点示范镇每年1000万元专项资金支持,每个省级文化旅游名镇每年500万元专项资金支持。

二是对于特色镇范围内符合条件的项目,优先申报国家专项建设基金和相关专项资金,优先享受省、自治区级产业转型升级等相关专项资金补助或扶持政策,优先支持向政策性银行争取长期低息的融资贷款,给予特色小镇规划设计补助,支持特色小镇生活污水处理设施和生活垃圾处理收运设施建设。

三、关于特色小（城）镇建设的问卷调查

除了进行典型案例调查之外，课题组还进行了问卷调查，发放对象对全国各地的县（市、区）长，共发放问卷 100 份，回收 96 份，有效问卷 96 份。考虑区域结构性因素，将有效问卷按照东、中、西、东北四个区域划分，其中东北 8，东部 25，中部 17，西部 46，分类分析后结果如下。

一是不同区域重点培育的小城镇人口规模呈显著性差异。东部地区多大于 10 万人；中部地区多在 3—5 万人之间；西部和东北地区分化现象明显，既有不到 3 万人的，也有 3—5 万人间，个别在 5—10 万人，甚至大于 10 万人。

二是特色小城镇发展的产业没有地区显著差异。多集中在休闲旅游、商贸物流、民俗文化、特色产品加工等，而智能制造、大数据和云计算等新兴产业则少之又少，体现了当前小城镇产业发展的层级与特色。

三是在问到，特色小城镇产业培育发展能否超越传统的开发区模式时，大多数问卷回答"能"，体现了不论哪个地区，地方政府对转变经济发展方式都具有相当大的决心和信心。

四是在问到，小城镇在城镇空间体系中的地位时，绝大多数问卷选择"非常重要"或"比较重要"。

五是在问到，特色小城镇在培育过程中存在哪些不良现象时，按照排序依次为"东施效颦、千镇一面，缺乏特色"、"镇规划未达到有关要求、脱离实际，盲目立项、盲目建设、贪大求洋"、"政府大包大揽或过度举债，一哄而上"，而选择"房地产为单一产业"则很少。

六是在问到，小城镇发展面临的主要问题时，按照排序依次为"缺乏产业支撑"、"基础设施落后"、"规划、建设、管理缺失"、"难以吸引人口集聚"、"教育、卫生等公共服务缺乏"，而认为"生态环境差"、"文化传承薄弱"的则比较少。

七是在问到，特色小城镇建设需要加大哪些政策支持时，结果按照排序依

次为"加大基础设施投入"、"加大规划指导"、"加大产业扶持"、"加大资金支持"、"考核奖补（土地指标等）"、"文化保护力度"。

这些结果有助于我们从更广层面加深对当前特色小城镇建设的现状认识。

四、特色小（城）镇建设存在的问题及原因

（一）主要问题

结合 96 份问卷和 9 个典型案例调研情况，课题组认为我国特色小（城）镇建设存在的共性问题主要有如下方面。

一是缺资金，招商难。小（城）镇建设普遍投入不足，基础设施和公共服务设施不健全甚至严重滞后。有某地领导表示，虽然表面上看小（城）镇的土地和劳动力便宜，但一旦加上基础设施建设费用，成本比城市高出 80 倍左右，由此导致小（城）镇建设大都是"政府热、企业冷"，好企业、大企业真正愿意投资落地的不多。

二是缺产业，培育难。产业是美丽特色小城镇建设的根本。没有特色产业支撑，没有人口导入，即使造起小城镇的"形"，也可能会变成鬼镇、空镇。然而，我国大部分小（城）镇经济基础薄弱，主导产业规模小，缺乏核心竞争力，抵御市场风险能力差，引领支撑带动能力不强。产业同质化严重，链条不完整，缺少长远规划，发展后劲不足。

三是缺人才，引进难。小（城）镇的管理水平和规划眼光、发展思路、人才资源、协调组织能力等，很难与大城市相提并论，特别是在吸引人才方面，引进来不易，留下来更难。在产业项目、基础设施、社区配套、功能布局等各个领域、各个要素让人才愿意来、留得住、发展好，成为小镇居民，还存在相当大难度。

四是缺环境，美丽难。美丽特色小城镇的魅力之处在于"美丽"，直接表

现在景观风貌优美,生态宜居宜业。然而,由于基础设施薄弱,众多小城镇品质不佳,"颜值"不高。除了水、电、路、气、供热、通讯等配套设施,还要加大学校、医院、娱乐、体育等公共服务,打造成生产、生活、生态融为一体的、以人为本的美丽家园。

五是缺统筹,推动难。小(城)镇建设体制不顺,国家层面多头推动,但缺少针对性,政策不落地。建设风貌千篇一律、千镇一面,特色不够鲜明,缺乏量身定制,缺乏与中心城区的功能分工与合理布局,缺乏与周边小镇的联动发展,保护与开发矛盾突出,土地等瓶颈制约有待破解等。

(二)主要原因

一是资金投入方面。国家层面统筹支持不够,体制机制不健全,配套政策不具体,资金整合不到位。基层政府财力不足、投入不大、融资机制不灵活,系统谋划不全面。发展规划不深入,吻合度和吸引力不够,投入产出不匹配,优惠政策不到位,功能配套不完善,导致社会资本进入较少。产业引导资金、社会资本融入难,由于特色小(城)镇建设投资周期长、回报慢,需要长时间、大规模的融资支持,银行等金融机构介入方式需要带有股权性质的资金,但是当前金融政策不配套,商业银行法不允许银行直接进行股权投资,加之大量民间资本活跃于房地产、金融等虚拟经济领域,中小民营企业仍存在融资困境,导致特色小(城)镇建设普遍面临资金不足。

二是产业发展方面。内生动力不足,产业功能简单分散,主要靠企业和市场投资单兵作战,规划引领不到位;传统产业转型升级乏力,小(城)镇的传统产业一般位于产业链的下游,附加值低,缺少核心技术支撑,产业竞争力不强;新兴产业培育不够,新兴产业发展具有战略性、前瞻性、长期性和风险性特点,技术要求高、资金投资大、回收周期长,需要有充足的资金来源和保障,更需要有足够的耐心与时间,小(城)镇由于人才、技术、配套等多方面原因,只能选择技术门槛相对较低、投资规模相对较小、市场前景较明朗、回报周期快的产业。外部支撑不足，宏观政策对产业发展支持不够，目前浙江、陕西、云南、贵州等地均出台了一定的特色小（城）镇扶持政策，特别是浙江省以产业定位及发展为重点建设内容，在土地、财政、金融、人才等方面出台了相关政策，但大部分小（城）镇仍是以完善城镇功能、改善环境质量为主，在产业发展扶持政策方面略显不足。

三是人才保障方面。人才储备不足，特色小（城）镇建设是新生事物，实践探索时间短，各级政府的人才积累、投入不足，自身人才队伍的学习创新有所欠缺。市场与政府定位不准，各级政府越位缺位，人才政策不匹配，人才脱颖而出的体制机制不灵活，市场化程度不高、运作不够，人才管理存在错位，留住人才的环境不优。对劳动力的吸引力不够。小（城）镇在空间上是连接城市和乡村的重要纽带，是农村人口本地城镇化的重要场所，应该提供大量的非农就业岗位，但现实情况是很多小（城）镇尤其是中西部的小（城）镇缺乏有竞争力的产业，就业稳定性较差，劳动报酬偏低。

四是组织推动方面。主观上，存在资源不清、自身特色资源不明、政策把握不准等情况，规划布局不合理，产业支撑不足，基础设施薄弱，要素整合不够。特别是可供成片开发利用的土地较少且指标紧张、征地拆迁难度大，使得一些含金量较高的企业、项目无法落地，加上资源约束、政策限制、产业链配套、规模经济发展等考虑，小（城）镇建设发展受到一定制约。客观上，还存在政策标准不一、区域不平衡等情况，国家层面统筹不够、政出多门，省市级层面落实偏颇，有的地区标准"高大上"，不符合各地实际；顶层设计先天缺陷，小镇和小（城）镇存在差异等。

五、推动特色小（城）镇建设的对策建议

（一）加强资源要素保障

加大地方政府投入，因地制宜培育地方特色产业，建立产业引导资金，充

分整合各方资源要素;积极盘活存量土地,建立低效使用土地再开发激励机制,建立健全农民土地承包权、宅基地使用权、集体收益分配权自愿有偿流转和退出机制,完善农用土地转用、征收制度,加大对现有工业用地追加投资和转型改造,充分利用地上、地下空间和存量土地。积极向上争取支持,努力争取国家专项建设基金、特色小镇规划设计补助等资金,争取人才和低息信贷支持、债券和贴息支持,向政策性银行争取长期低息的融资贷款,争取城乡用地增减挂钩用地指标、新增建设用地指标等,破解发展制约瓶颈。扩大社会资本投入,各级政府要强化特色产业的规划引导,围绕特色小(城)镇的资源禀赋、产业特点、政策环境,明确其产业发展、投资建设、运营管理、品牌打造等方面的合作需求,寻求合适的专业机构做好前期咨询服务,制定发展战略,加大精准招商和基础设施建设力度,吸引社会资本注入;根据不同类型的特色小(城)镇,发挥各自主体优势或互补优势,加快形成产权明晰、符合市场规律、具备产业特征的特色小(城)镇商业模式,让社会资本进得来、留得住、能受益;积极探索 PPP、产业基金、专项债券、股权众筹等融资途径,扶持企业形成自我发展能力。

(二)明确产业发展定位

特色小镇的"特"重点体现在产业特色上,在产业发展上,应尊重本地实际,加强调查研究,发展最有基础、最有特色、最具潜力的主导特色产业。即便主攻同一产业,也要差异定位、细分领域、错位发展,不能丧失独特性。坚持做优存量与做大增量并重,推进产业结构调整和转型升级。加强产业规划和招商规划,加强对小(城)镇特色产业的深入分析研究,围绕打造全产业链,挖掘特定区域的产业特色,充分释放特色产业的内容、空间,整合特色风格、特色风貌、特色风情等形态,聚集特色服务功能来制定产业发展规划和招商规划。坚持规划先行、多规融合,突出规划的前瞻性,统筹考虑人口分布、产业布局、国土空间利用、生态环境保护以及公共服务配套,推动产业、文化、旅游和社区等功能性要素深度融合,促进产业链、创新链、人才链协调配套、有机衔接。

(三)加大人才引育力度

完善人才政策,建立人才引进和使用制度,根据产业定位量身定制政策,采取市场化的办法、通过政府购买服务来选择人才,打造创新创业平台,吸引企业高管、科技创业者、留学归国人员等创新人才,确保人才"引进来、用得好、留得住"。加强人才储备,加大资源投入,用好现有人才,提供更多的实践机会和锻炼平台使其快速成长;采取"走出去、请进来"的方式,虚心学习借鉴别人的成功经验,通过市场机制加大与各方面优秀人才的合作,"不求所有、但求所用",实现借力借智发展。

(四)强化组织协调推进

特色小城镇建设要分类有序推进,国家层面要加强领导指导,明确牵头抓总的部门,强化顶层设计,制定分类指导政策,及时拨付扶持资金;省级层面要因地制宜制定本省具体办法,侧重于规划、土地、资金、人才、产业要素等的配置保障;市县层面要发挥好主体作用,抓好具体任务的推进落实。加强硬环境建设,进一步明确工作标准,加大小(城)镇硬件设施建设力度,提升公共服务质量和水平,保障小(城)镇内各类人员享受高质量的教育、更优质的医疗和高品位的居住资源,建设宜居的典范、双创的平台、城镇建设的突破口和公共服务均衡化的新支撑。聚焦各类人员的日常生活、工作需求,大力提升社区服务功能,构建便捷的"生活圈"、完善的"服务圈"和繁荣的"商业圈"。加强软环境营造,特色小(城)镇建设要做好体量规模的"减法""除法"和功能效率的"加法""乘法"。在市场主体登记制度上,放宽商事主体核定条件,把准入门槛降到最低;在审批流程再造上,削减审批环节,提供全程代办,把审批流程做到最优,让企业少走弯路快捷办事;全面开放小(城)镇落户限制,落实居住证制度,吸引更多的人流、物流、资金流、信息流集中集聚,全面增强特色小(城)镇的可持续发展能力。

第四节 政府治理创新

一、基层治理中区镇联动促公共服务均等化

近年来各地在实践中创新社会治理和加强基层建设机制,涌现出包括"区镇联动"(指经济园区与乡镇协同发展,下文简称"区镇联动")在内的多种管理模式。作为行政体制改革前沿课题,把握好区镇之间及区镇与各级政府的关系既是经济发展新常态下再创制度红利的新举措,也是对基层治理提出的新要求。只有正确认识和处理多元主体间的利益和矛盾问题,才能建立有利于促进科学发展、减少政府层级、优化资源配置、提升城乡基本公共服务均等化的行政管理体制机制。

(一)区镇联动的多种模式

按照宪法明文规定的区划单位,我国市县通常下设市辖区、乡、镇。但实际的行政区划比宪法规定的法定区划要复杂得多,还有街道、经济园区(开发区)、自然保护区等行政区域。通常在管理机构上,按照城区(街道)、经济园区(开发区)、郊区(乡镇)分别设置。这种管理体制上的分割一定程度上造成园区与周边乡镇在规划建设、产业发展、社会管理等方面的不衔接,不协调。这是因为经济园区侧重于发展经济,增长极作用显著,但对周边地区带动有限,容易与周边乡镇形成二元结构;而且随着园区发展渐渐进入由开发建设为主转向加强平台建设,优化管理服务为主,由政策优势向综合环境优势转变的新阶段,其对配套环境、社会发展和社会管理也提出了更高要求,以开发公司为主导、政企合一的管理体制难以承担起大量的政府管理职能。对乡镇而言,

囿于"行政区经济"现象的存在,区镇之间要素流动受阻,乡镇接受经济园区的辐射带动作用不显著,产业转型升级缓慢,但在承担辖区内居住人口的社会事业发展上担子更重,因为园区内劳动力要素的生活居住和社会事业发展需求主要依托周边乡镇提供公共服务。因此迫切需要协调双方关系,实现利益共享,社区共治,推动区镇共同发展。

正基于此,全国越来越多的地方就区镇联动发展进行了自觉探索。所谓区镇联动,就是指在市域(县)域内,将经济园区(开发区)与乡镇之间通过行政协调使各种资源要素在更大范围内配置,形成园区与乡镇良性互动、经济社会统筹发展的格局,实现区域治理与区域共同发展的目标。区镇联动的目的在于促进区、镇的合理分工、协同政策、利益共享、责任共担,通过一定范围的集体行动,实现整体利益和单个区、镇利益的"帕累托改进"。这种联动,不仅涉及到经济园区与乡镇,还涉及到上级(市、县、区)行政主管部门,因此是多元主体间的联动。以长三角地区为例,区镇联动的具体模式有:

1. 区镇分立的联动模式

区镇分立的联动,前提是仍然保持区、镇的独立建制。以江苏省昆山市为例,从 2013 年底在全市范围开展区镇联动,采取"以区管镇"、"以区带镇"两种方式,从市域要素统筹、区镇资源整合两个层面促进区镇资源整合。"以区管镇"是一区联一镇的"一对一"模式,如国家级开发区昆山经济技术开发区与周市镇、国家级开发区昆山高新技术产业开发区与巴城镇、省级开发区花桥经济开发区与陆家镇;"以区带镇"是一区联多镇的"一对多"模式,涉及省级昆山旅游度假区与千灯镇、淀山湖镇、锦溪镇、周庄镇等四镇。旨在依托园区的政策、资金、技术和人才优势,拓宽各镇发展领域,实现区镇相互协调、相互促进、共同发展。

2. 区镇合一的联动模式

区镇合一是指在经济园区与乡镇之间突破行政区域的限制,通过整合政府职能、促进区域融合,实现功能互补、统筹发展的一种行政管理模式。即园区与乡镇合署办公,实现通常所说的"两块牌子一套人马"。以浙江省安吉县为例,该县于2009年2月在浙江全省率先将安吉经济开发区、递铺镇(安吉县城所在地)两个相邻行政单位合二为一,区镇政府进行整合,归并职能,让开发区体制优势和递铺镇地域优势形成互促互补,人力资源、经济资源等各类资源高效整合、强强联合。通过合一,拓展发展空间,统筹城乡建设,提升区域功能,彰显片区经济特色和镇的文化优势。

3. 功能区域的联动模式

以上海市浦东新区为例,从2004年9月起,浦东新区陆续成立四大功能区域党工委、管委会,分别是陆家嘴(由"一区一镇四街"组成,即陆家嘴金融贸易区、花木镇、潍坊街道、梅园街道)、金桥(由"一区两镇三街"组成,即金桥出口加工区、金桥镇、曹路镇、金杨新村街道、浦兴路街道、沪东新村街道)、张江(由"两区三镇"组成,即张江高科技园区、孙桥现代农业开发区、张江镇、唐镇、合庆镇)、外高桥(由"一区三镇"组成,即外高桥保税区、高桥镇、高东镇、高行镇)功能区域,统筹开发以四大开发园区为核心的"陆家嘴、张江、金桥、外高桥"功能区域的经济与社会发展。一年后又相继成立川沙功能区域(由川沙新镇构成,原川沙镇和机场镇撤并而成)和三林世博功能区域(由"两街四镇"组成,即上钢新村街道、周家渡街道、南码头路街道、东明路街道、三林镇和北蔡镇构成)。功能区域作为浦东新区政府设置的介于浦东区政府和所辖乡镇政府之间的派出机构,协调开发区内园区和不同街镇之间的利益,使开发区征地、经济布局规划、城乡统筹等工作更顺畅开展。在这六大功能区中,存在两种联动模式:一种是川沙功能区的区镇合一模式,还有一种是其他五个功能区所采取的区镇分立模式。

可见,各地探索的区镇联动既是自上而下贯彻中央深化改革精神,探索基层政府与经济园区协调发展的体制机制,加强区镇融合发展和乡镇行政管理体制改革的新路径,也是自下而上进一步拓宽市场配置资源空间,加快转变发展方式,谋求改革突破,增创新优势的主动作为。虽然因区域基础、功能定位不同，各地的区镇联动表现出各具特色的发展模式，如在地域构成上有城市型和城乡型的联动；在机构设置上有区镇分立、区镇合一或区镇之上增设协调机构，如功能区域管委会等形式，但共性是多元主体间的联动。

（二）区镇联动发展的关键问题

联动主体的多元化必然导致利益诉求的多元化，因此区镇联动在实践中也暴露出行政层级隐性增加、组织协调成本提高、运行机制亟待健全等诸多矛盾，必须妥善处理好各方主体间的行政沟通、资源整合、利益共享、功能定位等关键问题。

1. 协调好行政关系

区镇联动要恰当协调好区镇之间以及区镇与上级政府之间的关系，才能破除零和博弈思维，降低行政协调成本，实现整体经济社会收益的优化。

首先，协调好区、镇之间的行政关系。需要注意的是，经济园区的行政主体一直没有明确的法律地位，在实践中经济园区的党政领导通常由市（县、区）领导成员兼任。这种干部配备为区、镇之间顺畅的行政协调提供坚实保障，但在某种程度上也强化了"强区弱镇"倾向，使得联动主体之间信息不对称。对于仍维持区镇独立建制而加强联动的管理体制来说，目前仅限于相关区镇成立的工作小组，组织机构稍显简单、人员配备不齐，在信息沟通和利益协调上更加需要上级政府层面的公共信息平台提供保障；对于区镇合一的管理体制而言，机构撤并整合后，区镇机构直接管理的区域更大，与原乡镇管理体制相比行政层级增加，部分机构设置重叠多头管理，而部分职能弱化，出现管理真空，部分基层服务乏力；对于设置功能区域管委会的区镇联动体制而言，其对探索消除浦东城乡二元结构、推进区镇联动发展提供了一种新途径。但是这一体制明显具有过渡性特征，运行中存在一些障碍，也增加了一级管理层次。

其次，协调好区镇与上级政府之间的行政关系。调查发现，无论是区镇分立、合一还是功能区设置,园区或功能区事实上都已成为设置在市(县、区)与乡镇之间的一个行政层级,人为增加了行政层级。在园区设置之前,乡镇工作与市(县、区)相关部门对接,现在乡镇所有工作都要经园区(功能区)与市(县、区)对接,园区在市(县、区)与乡镇之间延长了行政沟通路线,一定程度上增加了行政信息失真的可能性,也成为扩大编制、增加人员的重要原因,与全社会对政府"减员增效"的期望相抵触,也与现阶段国务院大力推进的简政放权相违背。

因此,需要从制度设计上建立科学化的领导体制,完善工作机制,通过联席会议制度,确保领导体制运转高效。同时简化行政层级,科学设置突发事件应对机制,畅通信息交流沟通渠道。

2. 处理好利益关系

区镇联动的出发点是通过区镇合作做大"利益蛋糕",共享整体利益。区域联动势必会带来整个地方利益结构的重新调整和利益冲突。在行政区经济仍然占据主导的制度环境下,一定要考虑到区镇各自的利益诉求,建立健全相应的利益分享和补偿机制,完善激励和约束机制,才能充分调动区镇积极性,为实质性联动提供制度保障。

不可否认,土地是区镇资源整合中最重要的经济要素,也往往是区镇联动伊始阶段最主要动因。众所周知,虽然多数经济园区在建设之初都编制了科学发展规划,规范土地资源使用,尽最大努力发掘园区土地利用潜力,但囿于申报之初的经济发展阶段和认识水平,许多园区地域面积越来越不能满足区内产业转型升级的需求。一方面,原有的部分传统产业为继续享受园区的优惠政策,不愿意转移到园区外发展;另一方面,一些有意向落户的新兴产业则入区无地。而周边乡镇工业集中区土地资源则相对宽裕,土地产出率提升空间大。以昆山为例,2015年各开发区平均产出1550万元/亩,是各镇平均产出440万元/亩的3.5倍,产出水平最高的开发区工业产出达2200万元/亩,是产出水平最低镇137.8万元/亩的16倍。将土地资源在区镇联动中通盘考虑,有助于破解园区土地开发强度极限约束,也有助于提高乡镇产业承接与互补配套能力,但关键点在于处理好区域补偿和考核机制问题。

首先,需要协调多元主体间的土地补偿和生态补偿。土地资源整合的基本原则是不触碰基本农田红线,因此采用行政核准和市场调节相结合的方法,合理调整城镇基本农田面积,市(县、区)政府对核准增加基本农田的镇通过区域补偿和财政转移支付方式给予合理补偿,并根据发展需要不断完善后续补偿机制。土地补偿机制将有利于土地集约化利用,在确保基本农田红线不动摇基础上因地制宜增减部分农业农用地,提高土地的使用效益。除土地补偿外,还应从市(县、区)域范围对基本农田、生态公益林和重要湿地、水稻田、饮用水源地和拆除围网养殖(由村级集体组织发包)的大水面养殖实施生态补偿。生态补偿由市(县、区)财政筹措,纳入市(县、区)级财政对区镇财政转移支付范围,专项用于受保护限制和保障全市(县、区)生态安全及整体环境质量而使经济发展受到制约的有关村级集体组织。

其次,规范区镇联动的考核机制。鉴于我国的垂直型行政体制,各区镇必须接受上级政府基于全市(县、区)发展需要做出的决定,这个决定虽然是基于全市(县、区)全局和长远发展利益出发,但有时会损害部分区、镇的眼前利益。在推动区镇联动过程中,部分区、镇会寻找一切机会对自身受损利益进行相应补偿,即"上有政策,下有对策"。这种非合作博弈会损害集体收益最大化。因此,必须处理好各方关系,才能使市(县、区)政府与各区、镇之间存在信息不对称前提下实现非零和博弈。这就需要建立完善考核机制,充分考虑效果管理和全面质量管理,并将考核结果与来年市(县、区)级政府财政预算相挂钩,才能让区镇把业绩信息当做一种管理手段,持续地改进联动工作,真正促进区镇资源整合、功能共享、优势互补、共同繁荣目标的实现。

3. 建立好共治关系

区镇联动中反映突出的矛盾表现在园区将经济调节与市场监管的职能拿走,更多由乡镇承担社会治理和公共服务职能——经济利益被园区截留而社会责任留给乡镇,不利于园区由经济区向社区的转型和乡镇积极性的发挥。因此区镇联动不仅是为促进区域经济发展,更需要为破解二元结构,提升城乡一体化水平进行制度创新。

在功能定位上,将经济园区作为区域经济发展的龙头,乡镇作为社区发展的基础,实现强区与强镇的有机结合,达到1+1>2的效果。通过区镇联动放大园区品牌效应,整合发展资源,带动片区经济发展,也通过区镇联动统筹区域城镇化建设与新农村建设,加快社会事业发展,推进公共服务均等化,提升城乡发展水平,提高民生质量,促进社会和谐。因此,区镇联动需要根据全市(县、区)的发展规划,按照"产业发展、空间布局、资源利用"三位一体要求,统筹利用土地、资金、人才、环境等各种发展要素,充分发挥经济园区功能平台、政策措施、城市建设、园区品牌的辐射作用,有效结合园区体制机制、产业带动、信息丰富和乡镇发展空间大、承接基础好的各自优势,促进区镇形态功能、生态环境和社会管理水平显著提升。同时建立社会管理经费支出"费随事走"机制,园区与乡镇协调使用预算列支的社会管理经费,从而实现区镇的社会共治。

(三)区镇联动发展的机制建设

实现区镇联动、统筹发展,必须以规划建设、产业发展、社会治理三个领域为突破口探索涉及多元主体的协作新机制,以简政放权、转变政府职能作为改革重中之重予以保障。

1.以规划建设为先导,推动区镇发展协调一致

区镇结合自身发展实际,通过多轮协商,完善区镇联动各项规划。以统一规划顶层设计为引领,明确区镇功能定位、产业分工、社会治理与生态环境等重大问题,促进区镇规划对接,有重点、有步骤稳步推动区镇联动。

首先,开展区镇融合总体规划研究,重点做好规划对接和整合。根据不同区镇发展特点,科学规划产业布局、社会事业发展重心和公共服务均等化配置方案。以大区域理念统筹修编总体规划和土地利用规划,完善控制性详细规划,逐步形成总体规划、控制性规划、专项规划、修建性规划相结合的立体规划体系。其次,在规划建设中,重点解决基础设施的有效衔接,主要路网的无缝对接以及区镇一体规划管理信息系统。

2. 以产业协同为突破,加快区镇产业合理布局

区镇产业联动能够打破园区、乡镇各自为政的发展格局,因此需要建立区镇间产业信息交流共享机制、产业项目联合评估机制和营商服务协同推进机制,加速推动区镇产业整合提升。具体操作是在规划指导下,统一品牌、统一政策、分工协作。统一品牌、统一政策是指乡镇工业集中区对外均挂联动经济园区配套产业区的牌子,园区在对外宣传和吸引投资过程中,深入挖掘各镇配套产业园的资源和产业优势,以统一的品牌形象进行整体推介。分工协作是指乡镇的配套产业区充分利用经济园区的产业集聚优势,重点引进园区龙头企业的上下游厂商,主动承接园区内孵化企业的产业化项目,做大做强园区特色产业的配套项目、补链产业,避免同质恶性竞争。通过合资、合作,以及收购、兼并等方式实现区镇内外资企业的深度合作。

3. 以社会共治为保障,加强区镇公共服务和治理

公共服务供给均衡对区镇社会的和谐稳定至关重要。随着区镇联动的推进,社会共治的重要性愈发凸显。区镇社会治理联动宜采取先易后难、以点带面原则,稳妥、逐项推进教育医疗、社会保障、动迁补偿等社会事业对接的长期性工作,保障社会民生政策前后衔接、相对稳定。特别是城镇化过程中,将本地动迁农民市民化、外来建设者融入和公共服务均等化作为主要民生工程,体现区镇联动发展理念。通过区镇人员交流、联合培训、社区结对、人力资源市场共享等方式开展社会治理联动。此外,社会公共资源要平衡投入,防止资源过度集中于中心镇区而相对忽视老镇区建设。

区镇社会共治的重要意义还体现在强外部性的生态环境保护和优秀传统文化传承上。上级市(县、区)以适度的财政转移支付和重大基础设施项目建

设支持区镇生态工业园区改建和环保基础设施投入，建立健全乡镇自然村落生态环境保护等机制；推进城中村、农村河道、田容田貌、村庄环境的整治工作，注重保护弘扬乡镇优秀传统文化，为区镇的可持续发展创造空间。

4.以简政放权为核心，推动政府积极转变职能

区镇联动是在更大程度上释放区镇的体制机制活力，因此随着发展主体的减少，管理权限的放大，以简政放权为重点、转变政府职能为核心的行政体制改革势在必行。

区镇联动、简政放权的核心目的是理顺市（县、区）与区镇两级管理职能，形成"统的了、稳的牢、放的下、接的住、用的好"的管理模式与发展机制。"统的了"就是明确要求区镇统筹的资源要素、管理权限，必须不讲条件、不打折扣地统筹到位；"稳的牢"就是实施过程要协调稳步推进，社会大局要确保和谐稳定，相关政策要保持连续、平稳过渡；"放的下"就是市（县、区）部门要把能取消的审批权限一律取消，必要的审批权限放下去、放到位，使审批服务贴近市场、贴近基层、贴近群众，体现高效便捷；"接的住"就是区镇要结合实践，制定细化的承接方案，建立相应的工作对接机制，加强与上级职能部门对接，防止工作脱节、事权放空；"用的好"就是在为基层提供更加方便、更加快捷、更加优质的公共服务的同时，建立横向到边、纵向到底的监管网络，把事前监管、事前审批为主变为事中事后和合规性监管为主，法定职责必须为。

总之，涉及多元主体的区镇联动体制正在探索和完善过程中。未来根据创新社会治理加强基层建设要求，梳理经济园区和乡镇的职责边界，弱化乡镇经济发展职能，取消招商引资功能，强化社会治理和公共服务职能应该是发展趋势。随着国家和地方行政区划调整和行政体制改革深化，经济园区甚至完全有可能纳入整个市（县、区）的区划格局进行整体考虑，真正实现区镇合一。当然，这也取决于因时因地产生的区镇联动、统筹发展的历史使命是否真正完成。

二、他山之石：英国绿带政策促城乡社会治理一体化

我国新型城镇化提出坚持以人为本，优化布局，生态文明等价值导向。这就要求形成城乡合理布局，充分提高土地利用效率，保护生态环境，将扩张性的城市规划逐步转向划定城市边界、优化空间结构的集约式发展，限制城市无序蔓延和低效扩张。在此方面，英国是最早把绿带政策（green belts）纳入近代城市规划理论的国家，并且随经济、社会、环境形势变化，绿带政策的内涵和表现形式也在不断丰富发展。溯源英国绿带政策，剖析演进历程，追踪发展趋势，借鉴经验教训，对我国正处于快速发展关键时期的新型城镇化与社会治理一体化无疑有所启迪。

（一）英国绿带政策的起源

根据维基百科的解释，"绿带"是指为防止城市盲目扩展或与近邻城市连成一片，在城市四周或在相邻城市之间设置用以限制城市建设的地带，这种地带可以是风景区、林地，也可以是牧场、农田。

近代绿带思想源起于英国城镇规划专家霍华德（Ebenezer Howard）在1898年提出的"田园城市"模式，他提出用公园、农田等将城市中的公共活动区和住宅区分开，将各个住宅区分开，将母城和卫星城镇分开。到了20世纪20年代，这一理念又得到进一步发展，即在城镇与乡村之间划定清晰的物理边界。

1935年，大伦敦地区规划委员会首次提出环伦敦都市绿带概念，至1938年英国制定《绿带法》（*Great Belt London and Home Counties Act*）用法律形式保护伦敦和附近各郡城市周围的大片地区，采用国家购买城市边缘地区农业用地来保护农村和城市环境免受城市膨胀的侵害，限制城市用地过度扩张。

第二次世界大战结束后，为了疏解包括伦敦、伯明翰、曼彻斯特等大城市

的人口压力,解决大城市居民住房严重短缺和拥挤问题,同时也为了建设一个高效均衡发展的英国,促进各地经济发展,英国采取了控制大城市发展,通过新城(卫星城)建设疏解大城市经济和人口战略。以艾伯克隆比(Leslie Patrick Abercrombie)1944年主持编制的大伦敦规划为代表,将伦敦行政区周围划分为四个环形地带,由内向外依次为内城环、近郊环、绿带环、农业环,目的在于分散伦敦城区过密人口和产业。其中,紧贴伦敦行政区的内城环是主要承担工厂迁移、降低人口数量的功能区;位于郊区地带的近郊环,重点在于保持现状,抑制人口和产业增加的趋势;第三圈则是宽度为11—16公里的绿带环,作为伦敦的农业和休憩地区,实行严格的开发控制,保持绿带的完整性,阻止城市的过度蔓延;最外围的农业环则基本属于未开发区域,是建设新城和卫星城镇的备用地。① 大伦敦规划成为日后伦敦及周边地区制定相关绿带规划的根本依据。1947年,英国颁布《城乡规划法》(The Town and Country Planning Act)制定了英国城乡发展的规划管控政策原则,为绿带的实施奠定了法律基础,允许各郡政府在其发展计划中将指定区域作为绿地保留区。② 1955年,住房与地方政府部进一步鼓励地方政府清晰界定城镇周边的绿带区域以此保护城镇。

20世纪80年代,英国各地逐步编制完成绿带规划,并进入稳定发展时期,1988年规划政策指导(Planning Policy Guidance Note 2: Green Belts,PPG2))专门针对英格兰和威尔士的绿带政策和原则进行了阐释。该规划指导在2002年3月被《国家规划政策框架》(National Planning Policy Framework,NPPF)所取代,成为国家层面对绿带政策的最新指示和解释。框

---

① 张怀振、姜卫兵:《环城绿带在欧洲的发展与应用》,《城市发展研究》2005年第6期。
② 1947年城乡规划法确定了英国对城乡发展进行规划管控的重要原则,这些原则至今仍然在英国实施:(1)定期修编、更新城乡一体发展的规划(要求地方政府编制整个辖区,包括城镇与乡村地区协调发展的规划);(2)明确了开发(发展)的定义;(3)将开发权与土地所有权分离,明确所有的开发建设必须申请规划的许可;(4)授权地方规划部门对开发(发展)建设的规划控制权力;(5)授权地方规划部门强制购买土地的权力;(6)城市规划督察机制。

架要求各规划部门在考虑是否允许在绿带中进行新开发时应严格遵照 NPPF 的具体意见。因为绿带政策的基本前提假设就是反对不恰当的开发,除非有足够证据表明开发带来的利益能够超过其对绿带造成的损害。

(二)英国绿带政策的内涵与影响

绿带政策之所以在英国率先兴起并得到广泛应用,与其工业化、城市化发展进程密不可分。工业化最初加快了城市人口的导入,但同时带来一系列突出的城乡问题,如城市发展呈现蔓延扩张趋势,乡村发展受到侵蚀,传统风貌难以维护等,而绿带恰好能有效地抑制这种趋势。

正如 NPPF 指出,绿带的存在主要基于五个目的:一是阻止城市随意蔓延;二是避免相邻市镇连为一体;三是保护乡村免受蚕食;四是保护历史名镇的建筑和独特性,如巴斯、约克和牛津;五是通过鼓励绿带边界以内的废弃土地和其他城市土地再利用,促进城市再生。这其中,阻止城市蔓延又是重中之重的目标,正如 NPPF 第 79 段明确指出,"绿带政策的根本目标是通过保持土地永久开放来阻止城市蔓延;绿带的本质特征是其开放性和永久性。"根据设想,一旦某片区域被划定为绿带,那么其内部土地在实现以下六个目标方面就发挥了积极作用:为城市居民提供了接近开放乡村的机会;为户外运动和休闲提供了靠近城镇附近区域的机会;为在人们居住区附近保留和强化了富有吸引力的景观;改善城镇受损和废弃土地利用;获得自然保护利益;保留土地的农、林和相关用途。

正是基于法律的权威性和政策的执行力,英国全境绿带区域实现了净增长。数据表明,截至 2010 年 3 月 31 日,英格兰地区的 14 个绿带面积达到 163.96 万公顷,占区域面积的 13%,城镇化地区中 60% 的人口都生活在绿带边界内;苏格兰的绿带政策由 2010 年 2 月苏格兰政府发布的苏格兰规划政策(SPP)第 21 条制定,至 2010 年苏格兰有 10 个绿带区;威尔士在纽波特和卡迪夫之间有 1 个绿带区;北爱尔兰有 30 个绿带区,大约 22.66 万公顷,占总面

积的 16%。① 以英格兰为例,绿带政策已经成为该地区最普遍的规划政策,有
近 200 个地方政府负责绿带。绿带区域主要是乡村和未开发土地,只有 7% 是
开发地。② 这意味着绿带上即使有开发,也是小而散的,体现了农场和村落的
现有分布。而且为抵消因开发造成的绿带面积减少,许多地区还对绿带区域
进行了合并扩大。1978 年以来,英格兰地区的绿带面积已经翻了一番。

英国绿带政策在限制城市盲目发展、保持城镇乡村传统特点、提供郊外游
憩场所、改善城市生态环境、保护水源和为城市提供农副产品等方面具有的积
极作用,吸引了很多国家的目光并加以借鉴。欧洲大陆许多国家把绿带原则
运用于城市规划乃至区域规划的实践中。例如荷兰经济、文化最发达的中西
部地区的区域规划,以大片农业地区为核心,以绿带穿插于海牙、鹿特丹、阿姆
斯特丹等几个城市之间,形成既有分隔、又有便利联系的城市群。

(三)英国绿带政策的演进与趋势

不过,近年来绿带政策在英国国内也引起了较大争议。

反对者认为绿带政策在新的城镇化和环境挑战面前过于僵化。以伦敦为
例,自 1955 年以来伦敦周围的绿带已延伸出去约 35 英里。现在面积 51.6 万
公顷,大概比伦敦本身面积大 3 倍。③ 而伦敦 2015—2030 年人口预计将增加
200 万人,因此适度释放土地的压力日益增加,许多机构组织提出了释放土地
利用和环境保护的平衡建议。如数十年前曾大力倡导绿带概念的城乡规划协
会(The Town and Country Planning Association)在 2002 年出版了一个政策报
告,建议用更灵活的绿楔(green wedge)和战略沟(strategic gap)来代替绿带。

---

① 数据源于维基百科,参见网址 https://en.wikipedia.org/wiki/Green_belt_(United_Kingdom)。

② 数据源于报告 Green Belts:A greener future,参见网址 http://www.cpre.org.uk/resources/housing-and-planning/green-belts/item/1955-green-belts-a-greener-future-summary。

③ 数据源于维基百科,参见网址 https://en.wikipedia.org/wiki/Green_belt_(United_Kingdom)。

与此类似，2007 年 10 月，自然英格兰（Natural England）的主席马丁多提（Martin Doughty）也对绿带提出异议，他说"是时候要更绿色的绿带了。对于英格兰的住房需求我们需要一个 21 世纪的解决方案，可以采用绿楔，绿沟和绿廊（green wedges, gaps and corridors）网络，将自然环境和人们联系起来"。曾是绿带主要倡导和保护者的城市专家刘易斯阿伯特（Lewis Abbott）认为绿带对城市扩张的阻碍是建造住房的政治经济壁垒，其对新房屋的供应、成本价格，以及房屋质量都有负面影响。他评价绿带实际上已经在其宣称的保护乡村和开发空间的目标上失败了，因为绿带阻止现有城镇正常和有机地扩展，导致在更远地方的房屋土地扩张使用——即在绿带外以更低的建筑密度建新社区，这需要新建基础设施等，也更加依赖汽车和通勤等。同时，却失去了现有城市圈中的宝贵的城市绿色空间和最适用于二三产发展的棕地，因为被越来越多的新建住房填满了。因此反对者指出，交通成本增加、住房需求压力上升、对乡村区域的蛙跳式开发（即跳过绿带区域开发乡村，从而使得要求开发绿带土地的呼声高涨），以及限制了城市的合理增长等都是要求对绿带政策进行调整的理由。也有一些批评者认为绿带政策执行不力，某些绿带并没有突出的环境影响，管理不善，或是并没有像预计的那样提供休闲娱乐功能。

然而，在英格兰，由于 65% 的人都是物业拥有者，绿带区域内的物业价格通常比普通的要高 20%，他们受益于建设土地的稀缺和绿带的环境娱乐休闲等红利，因此是绿带政策的强烈支持者。鉴于"绿带"已成为城市政府政策的基础部分，一旦有任何审视改变绿带边界的动议，绿带相邻社区和他们选举出的代表就会毫不犹豫地投反对票。

与各利益相关方对是否应一成不变坚持传统绿带政策持不同立场形成对照的是，近年来以往通常使用的"绿带"概念已经逐步演进成为"绿色空间"和"绿色结构"中的重要组成部分，并逐步成为全社会共识。因为伴随着 21 世纪可持续发展理念的普及，为响应应对气候变化的倡议，英国在生态城镇建设中提出建设绿色基础设施——其中应包括 40% 的绿色空间，且其中至少有

50%是高质量的开放的绿色空间网络。即在规划建设中,将绿带在内的绿色空间与更为广阔的乡村衔接在一起。况且在英国乡村,经济已经不被以土地为基础的农业生产部门所主导,乡村经济已经复杂且多样化,人们对乡村价值的理解也发生了重要变化。2005 年,农业经济活动人口仅占英国就业的1.8%,乡村地区就业结构已经与城市就业结构类似,乡村已经变为综合生产和消费型地区。乡村旅游休闲产业迅速发展,"乡村田园风光"成为人们希望在乡村进行多种方式"消费"的基础。

可以料想,英国绿带政策必将在功能定位上日趋多样化;管理模式上日渐合理化;空间模式组合上日益灵活化。[1]

(四)英国绿带政策对我国新型城镇化的启示

1. 绿带政策在城市化不同阶段的目标演进与功能调整,启示我国制定城镇化战略和举措要遵循发展规律,统筹考虑城乡利益

英国绿带政策经历了从 1580 年伊丽莎白一世女王时代的卫生隔离与疾病防护为主、游憩引导为辅到 20 世纪初期的休闲提供为主、兼顾抑制城市蔓延,再到 20 世纪中期前后更强调抑制无序蔓延,进而至 21 世纪的向混合功能演化的变迁过程[2]。特别到 20 世纪 80 年代以后,英国开始出现"逆城市化"。人们更多前往离乡村更为接近的小城镇,人口融入乡村地区,但随之而来的副产品是大众日益增长的休闲娱乐活动需求与乡村自然景色保护之间的矛盾[3],加速传统乡村社区的消失,威胁乡村优美宁静的环境。因此,英国开始重视并加大对自然景观地区和乡村文化保护的力度,坚持不懈地施行绿带政策使之免受城市化侵害。对城市则成立具有半官方性质的"城市发展公司",

---

① 黄雨薇:《生态导向的英国绿带政策演变及启示》,《低碳世界》2014 年第 5 期。

② 张衔春、单卓然、贺欢欢、龙迪:《英国"绿带"政策对城乡边缘带的影响机制研究》,《国际城市规划》2014 年第 5 期。

③ 于立:《英国乡村发展政策的演变及对中国新型城镇化的启示》,《武汉大学学报(人文科学版)》2016 年第 2 期。

实施城市更新和改造提升公共空间。从 90 年代以后至今,英国城乡发展政策进入新阶段。再城市化使得政府与市场合作城市复兴政策,旨在提高城市竞争力,争取市民重返城市中心区,但解决新增城市人口的住房问题又引起要求绿带区域释放土地的呼声,由此绿带政策面临严峻挑战。21 世纪以来英国政府将绿色空间和绿色网络建设置于道路、交通等城市基础设施同等地位,绿带作为绿色空间的重要组成,其开放性和永久性的基本原则或许仍将坚持,但表现形式必将进行些许调整。

然而,无论英国经历的"城市化—逆城市化—再城市化"过程如何变化,英国城乡发展政策核心战略始终是控制城市发展规模,保护乡村地区。在城乡规划体系中通过一系列政策实现对城市规模的控制和对乡村地区的保护,使小城镇更像小城镇,乡村更像乡村,而不是千城一面、千村一面的城市形态。这启示我国的城镇化要遵循发展规律,尊重保护乡村独特风貌。建议参照主体功能区设置,明确城乡优化开发区域、重点开发区域、限制开发区域和禁止开发区域。摒弃单纯城市导向的发展理念,转向城乡协调并进的系统发展思路。

2. 绿带政策在防止城市无序蔓延上取得的成效,启示我国在城镇化快速发展阶段要做好划定城市边界工作,切实保护优质耕地

设置绿带,既是为了控制城市蔓延,也为大众提供就近享受美丽自然景观的机会,更是为了避免因城市蔓延而导致其农村土地受到侵占,从而实现对乡村土地的保护和管理。目前,我国一些城市建设用地"摊大饼"现象突出,城市发展占用优质耕地屡见不鲜。据第二次全国土地调查,1996 年至 2009 年,全国建设占用、结构调整、灾毁减少耕地逾 2.03 亿亩,大多数是优质耕地,仅东南 5 省就减少水田 1798 万亩。这一现象在北上广深等大城市格外突出。优质耕地急剧减少,成为我国城镇化过程中城乡失衡的痼疾。省级土地第二次调查结果显示,北京、上海、天津三大直辖市距突破 2020 年耕地保护指标已是岌岌可危。相比 1996 年第一次土地调查结果,北京市耕地净减 11.67 万公顷,年均减少8980.9公顷;离北京市2020年耕地保有量指标21.47万公顷,仅有约1.24万公顷。①

因此在城镇化快速发展阶段,划定城市开发边界有三重意义:一是促进城市转型发展,提高城镇化质量;二是有利节约用地和保护耕地;三是守住自然生态本底(董祚继,2015)。2014年11月,我国国土资源部、农业部联合下发《关于进一步做好永久基本农田划定工作的通知》,首次明确要求北京、沈阳、上海、南京、苏州、杭州、厦门、郑州、武汉、广州、深圳、成都、贵阳、西安14个城市周边永久基本农田划定工作将先行展开,全国永久基本农田划定和成果完善工作将于2016年底前全面完成。由于全国600多个大中小城市类型千差万别,建议操作步骤上先从500万人口以上大城市周边开始,由大到小,逐步覆盖各类城市和小城镇;由近及远,从城市周边扩展到广大农村,覆盖全部基本农田,"倒逼"划定城市发展边界,高效集约节约利用土地资源,切实保护好耕地红线不动摇,确保城镇化过程中国家粮食安全基础坚强牢固。

3. 绿带政策日益体现的人居意识、生态勃兴等趋势,启示我国城镇化要在新发展理念下走出绿色空间规划建设管理新路径

绿带政策在英国城市化发展不同时期,在抑制城市无序蔓延、提升居民生活质量和缓解生态环境恶化等多个层面都取得明显绩效。② 但随着经济发展阶段、人口分布和迁移情况、土地空间利用变化、生态型规划和全球绿色经济发展倡导下,绿带不再被僵化理解为城乡以及卫星城市间的分割点缀,而是从单纯的物理隔离演进到联结空间的催化剂和体现社会公平的载体,成为绿色开放空间的组成部分。这反映了人居意识、环保意识在城镇化发展中的勃兴趋势,也启发我国各级政府部门决策层和管理层在快速城镇化进程中要更加关注土地资源、能源消耗、环境保护、住房建设、文化休闲以及气候变化等诸多

①　《中国为大城市扩张划出"红线"》新华网,2014年11月3日,http://news.xinhuanet.com/politics/2014-11/03/c_1113094804.htm。
②　黄雨薇:《英国绿带政策形成、发展及其启示》,华中科技大学硕士学位论文,2012年。

问题，带动全社会转变城镇规划建设管理的理念和实践。

这就要求我国城镇化过程中认真审视城市政策与绿色空间相融合的关系，在创新、协调、绿色、开放、共享的新发展理念指导下认真反思是否坚持了长期、连续、稳定的绿色城镇系统的规划、建设和管理。从规划与决策层面，要意识到绿色开放空间系统是城市核心组成要素，是城市完善架构中不可或缺的部分，而不仅仅是园林绿化；要鼓励市民积极参与绿色开放空间的建设和管理，因为他们是绿色开放空间中居住、休闲、运动、通勤、教育的积极参与者。绿色开放空间不只是土地利用方式，也是城市治理工具与长期政策，需要政策支持、制度完善、规划远见以及公众参与。因此，建议加快包括绿带在内的绿色空间立法并完善从中央到地方的多层级法律体系构建；创新投融资模式，推进包括 PPP 在内的多元化开发建设途径；采取绿楔、战略沟和农村缓冲区等多样化绿带模式；推进行政体制和土地管理制度的机制调整改革；提升决策者和公众的绿带共建共享观念等，①真正将绿色空间与城乡生活以网络形式嵌入彼此，共同组成和谐的城镇化图景。

---

① 黄雨薇：《生态导向的英国绿带政策演变及启示》，《低碳世界》2014 年第 5 期。

第六章　结　语

改革开放以来,中国社会结构由处于传统的城乡二元分割结构向"城—半城—乡"三元结构融合转型,城乡基本公共服务供给在静态上表现出"城有乡无"和"城高乡低"特征,在动态上则存在跨地区和"外溢效应"显著性特征。令人欣喜的是"十二五"以来,在新型城镇化发展背景下,中央与地方都更加重视推进城乡基本公共服务均等化。一方面,中央政府强化对城乡基本公共服务均等化的顶层设计。2012 年 7 月发布《国家基本公共服务体系"十二五"规划》和 2017 年 3 月发布《"十三五"推进基本公共服务均等化规划》,指出基本公共服务均等化核心是以人为本,重点是保障人民群众得到基本公共服务的机会均等,而不是简单的平均化。2021 年 3 月发布《中华人民共和国国民经济和社会发展第十四个五年规划和 2035 年远景目标纲要》,指出推动城乡区域基本公共服务制度统一、质量水平有效衔接。改革的方向与路径愈加清晰。另一方面,在规划指导下,各地基层实践探索更加积极,基本公共服务逐渐从无到有,从"碎片化"朝向"一体化",从"一体化"朝向"优质化"演进。考虑到从决胜全面建成小康社会到开启全面建设社会主义现代化国家新征程,完善国家基本公共服务体系、推动基本公共服务均等化水平稳步提升不仅需要完成涵盖公共教育、就业创业、社会保险、医疗卫生、社会服务、住房保障、公共文化体育、优抚安置、残疾人服务等领域的基本公共服务清单,更需要通过保障措施和机制支撑,确立政府保障全民基本生存发展需求的制度性安排。因此承蒙国家哲学社科基金项目"城乡基本公共服务均等化实现机制研究"和上海市哲学社科专项课题"长三角地区有序推进农业转移人口市民化的理论与实践研究"课题资助,课题研究重点围绕"机制"做文章,考察了相关理论与实践,以期对政策制定有所裨益。

在吸收前人的研究成果基础上,课题研究主要创新在于(1)研究视角:将城乡基本公共服务均等化问题的研究置于供需双方的角度,关注异质性社会群体的公共服务需求和多元化的供给主体之间的互动,认为实现城乡基本公共服务均等化,必须追求总量均衡和效率提升。从需求而言,需要满足农民、市民以及流动在城乡之间的农民市民化人群(简称"准市民")三种异质性社会群体"共同和有差别的"基本公共服务需求;从供给而言,针对不同公共品属性的公共服务需求,需要有针对性地发挥政府、市场和社会的作用。(2)研究路径:从理论上提出完善政府供给,引入社会供给,消除制度壁垒等多重措施建构解决制约城乡基本公共服务均等化实现机制的政策框架,并以发达地区和欠发达地区的实践案例作为实证研究,从规划制定、产业发展、资源配置、社会保障、生态环境、社会治理、"三农"改革等多维度进行探讨。

课题研究的突出特色是没有在行文上过多纠缠于城乡基本公共服务水平"非均等程度"的测算与一味诟病,而是从问题出发,关注"均等化机制"的构建与实现,更加强调目标导向和实践导向。

在资料收集上,课题组基于城乡基本公共服务均等化实现的空间载体,选择典型样本进行实证研究,既分主题,也兼顾区域,论证了不同阶段工业化、城市化发展水平与实现城乡基本公共服务均等化的主体、方式以及重点的关系。如调研了全国东中西部24个省、自治区、直辖市的地市州书记、市长、分管副市长(副州长)及相关部门负责同志共29名地厅级领导干部对新型城镇化与城乡基本公共服务均等化实践的看法;以发达地区长三角地区为例,选择浙江绍兴"均衡发展"、江苏昆山"八个一体化"、浙江安吉"生态环境公共服务"作为实证对象,分析所取得的经验、进展及发展方向;以欠发达地区贵州六盘水"建立资产收益制度扶贫"、河北邢台、江西赣州、四川巴中等地为例,研究中西部地区新型城镇化过程中如何解决"就近转移一亿人"的基本公共服务问题;通过对全国部分特色小(城)镇规划建设管理情况进行调研,归纳梳理各具特色的发展模式,解剖分析存在问题与制约因素,因势利导提出政策建议;关注了基层治理中出现的"区镇联动"创新推进公共服务均等化以及"他山之石"——英国绿带政策在促进城乡社会治理均衡发展上的启示意义。这些案例研究本身突破了城乡基本公共服务均等化这一问题现象表象,而是试图从大中小城市和小城镇在推动城乡基本公共服务均等化背后所具有的不同发展背景出发,总结提炼可推广、可借鉴的经验启示。

课题研究的主要结论是:(1)研究城乡基本公共服务均等化需要建立基于供需视角的分析框架及以此为依据的路径设计。(2)"城乡共需型"公共服务具有纯公共品性质,主要由公共财政供给,然而现阶段该基本公共服务的生产和供给在经济上仍具有城市倾向和属地化特征,因此必须通过政策和制度创新确保农村居民以及准市民群体(无论户籍是否在当地)享受基本公共服务的合法权益。(3)"城乡差异型"公共服务具有准公共品和俱乐部品性质,很难有同一的衡量指标,必须充分发挥市场和社会与政府的协同供给,提升供给效率。同时,政府需要制定规则加强对公共服务市场和第三方供给的监管,以确保公共服务供给的公平性。(4)完善政府供给在于健全公共财政体制与完善政府治理结构。这是因为对政府角色的认识经历了从"划桨者"到"掌舵者"再到"服务者"的转变,强调区分公共服务"提供者"与"生产者"概念,即政府作为公共物品和公共服务的"提供者",通过财政政策中的支出与税收手段,决策出要提供的服务类型及供给水平,并安排生产和监督,无论是中央政府还是地方政府都应在其中发挥重要的作用。重点是政府职能转变。明确中央和地方政府之间的分权,划分清晰的责权利是创新基本公共服务体制的要求,实现公共财政体系建设以及均等化公共服务的根本保障。一方面,既要加强中央政府顶层统筹的能力,又要增强地方政府供给基本公共服务的能力,改进地方政府治理。另一方面,要使"呼吁"机制能够发挥其应有的效果,首要任务就是对现行政府考核机制进行改革,建立以公共服务为导向的干部政绩考核制度。(5)引入社会供给在于引导社会资本和社会组织进入城乡基本公共服务领域,将社会组织作为"生产公共服务"的重要载体,借此更有效地扩展公共服务范围,提升公共服务效率和质量。政府向社会组织购买的公共服务主要以社区公共服务为主,内容涵盖助老、助残、社会救助、职业介绍、技能培训、新市民服务等。重点是防范由信息不对称因素可能导致的逆向选择风险和道德风险。由于风险实质是购买服务过程中,在各级政府、社会组织、公众等多元主体之间存在结构、制度、管理和能力建设等要素与环节的缺失,因此基于委托代理视角又超越该视角,提出重塑多元主体合作治理网络,完善政府采购社会组织提供服务的制度体系,管理好政府公共行动工具,设计激励社会组织行动者的责任机制,加强社会组织的能力建设和激发广大公众参与等方面改进政府购买公共服务的组织架构、运行机制、项目管理和参与主体,实现风险管理。(6)消除制度壁垒在于改革横亘在城乡基本公共服务均等化实现过程中的制度约束,包括变革城乡户籍制度和激活农村要素市场制度,增强农村内生发展动能。重点是人、地、房制度的协同联动。改革户籍制度的取向则应是淡化与社会公共产品分配之间的联系,回归人口动态统计和民事权利证明的基本功能等。积极稳妥推进农村土地"三权分置"改革,落实集体所有权,稳定农户承包权,放活土地经营权;统筹推进农村土地征收、集体经营性建设用地入市、宅基地制度改革试点;加快推进农村承包地确权登记颁证,加快"房地一体"的农村宅基地和集体建设用地确权登记颁证;深化农村产权制度改革,明晰农村集体产权归属,增加农民财产性收入;改革财政支农投入使用机制,体现在供给侧结构性改革补公共服务短板的政策取向上。当然,由于各地情况不一,应允许采取差异性、过渡性的制度和政策安排。(7)新型城镇化进程中城乡基本公共服务均等化需要政府治理创新,要在新发展理念引领下以规划建设为先导,以产业协同为突破,以社会共治为保障,以简政放权为核心,走出城乡规划建设管理新路径。

后　记

　　在此，真诚感谢课题组成员华东师范大学余佳副教授、中国浦东干部学院丁菊红副教授等学界同仁的共同努力。

　　感谢中国浦东干部学院领导、同事的支持鼓励。感谢上海市中国特色社会主义理论体系研究会、上海市习近平新时代中国特色社会主义思想研究中心的关心指导和上海市第二十五期青年理论骨干学习研讨班李明灿老师的热心帮助。原谅我没法一一道出诸位师友的姓名。正是师友们高尚的学术品格、不懈的学术追求以及多年来给予我的倾情相助，激励着我不敢懈怠太久，温暖着我一路前行。

　　尽管课题研究取得了一些阶段性成果，然而，本课题研究的不足之处还是显而易见的。特别是课题研究比较注重宏观、中观层面的研究，而在微观对象的访谈问卷上涉猎不够。今后如有机会，将继续深入补充田野调查，将关注对象从抽象的群体进一步聚焦到微观个体"人"之上。

　　本书在结集出版过程中人民出版社洪琼编审等进行了精心审定和编辑。他们认真严谨、专注敬业的负责态度和专业水平，让我敬佩。谨此向他们表示最衷心的感谢！

　　需要特别强调，党的十八大以来，在习近平新时代中国特色社会主义思想指引下，党和政府统筹推进"五位一体"总体布局、协调推进"四个全面"战略布局,牢固树立和贯彻落实新发展理念,坚持以人民为中心的发展思想,坚持以社会主义核心价值观为引领,从解决人民群众最关心最直接最现实的利益问题入手,以普惠性、保基本、均等化、可持续为方向,加快转变政府职能,创新服务提供方式,消除体制机制障碍,形成扩大供给合力,努力提升人民群众的获得感、公平感、安全感和幸福感。我们坚信,随着我国经济社会进入高质量发展阶段和国家治理体系、治理能力的提升,基本公共服务体系会更加完善,体制机制会更加健全,基本公共服务均等化将日益实现。不管身处大城小镇,还是美丽乡村,"此心安处是吾乡"的愿望将日益成真。本课题研究此时虽然暂告段落,但我们的研究步伐将随着国家的全面发展继续在路上。当然由于研究能力有限,本书不可避免会出现疏漏和错误,恳请读者批评指正。

谨此向支持本课题研究的政府部门、社会团队、各界人士深深致谢!

谨此向中国共产党成立 100 周年表达深深敬意!

2021 年 7 月

责任编辑：洪　琼
封面设计：石笑梦
版式设计：胡欣欣

图书在版编目(CIP)数据

城乡基本公共服务均等化实现机制:理论与实践/余佶 著. —北京：
人民出版社,2021.10
ISBN 978－7－01－022743－6

Ⅰ.①城…　Ⅱ.①余…　Ⅲ.①公共服务-城乡一体化-研究-中国
　Ⅳ.①D669.3

中国版本图书馆 CIP 数据核字(2020)第 241483 号

城乡基本公共服务均等化实现机制:理论与实践
CHENGXIANG JIBEN GONGGONG FUWU JUNDENGHUA SHIXIAN JIZHI LILUN YU SHIJIAN

余　佶　著

人 民 出 版 社 出版发行
(100706　北京市东城区隆福寺街 99 号)

北京中科印刷有限公司印刷　新华书店经销

2021 年 10 月第 1 版　2021 年 10 月北京第 1 次印刷
开本:710 毫米×1000 毫米 1/16　印张:13.25
字数:320 千字

ISBN 978－7－01－022743－6　定价:54.00 元

邮购地址 100706　北京市东城区隆福寺街 99 号
人民东方图书销售中心　电话 (010)65250042　65289539

版权所有·侵权必究
凡购买本社图书,如有印制质量问题,我社负责调换。
服务电话:(010)65250042